THIS BOOK BELONGS TO

_____

_____

SUDOKU

A Game for Mathematicians

FIll out the blocks so that the numbers one to nine will only appear once in each row, colum and 3x3 grid.

Copyright @ 2021

All rights reserved. No part of this publication may be reproduced, distributed, or transmitted in any form.

Puzzle #1
EASY

		1				2	3	
			3	1		8		
	3		2	7	5	4	1	
6				4				
1	7	2	9			5	6	
						9		
		8		2	3		5	7
2	6		5	9	1	3	4	
3			4				9	

Puzzle #2
EASY

		7				2		
4	2				8		3	
8		6		7		4		9
5		8		1			2	
2	6				3		9	
3	9		7		6	8		
7			1		2			3
	4			3			7	1
	8	3	6	9				

Puzzle #3
EASY

5		8			4	6		
		1	6			8		
9			8	2			4	
			2	4	7			
6	4			3				
		2		8		3	1	
	9		1				3	6
1	6	7		5	9	4	8	
		5			2		9	1

Puzzle #4
EASY

5	2	8						
	9		2		5		8	
		4	8	9	6	2		5
6		7			8		1	
9		2	1	6	7	5	4	
						6		8
7		5		9				
	1	3	5					6
	6			2		3		4

Puzzle #5

EASY

2		6				4		
7		9	6	1				2
4				2	7	9	6	
6			9					
5	9	2	8					7
	4					2	5	
9		4		3		7	2	
1	2			7	5			
	7	5					3	

Puzzle #6

EASY

	5	3					4	7	
7			1	4			6	2
	4	6	7	3				
		1		6			2	
					4		3	
6			2				1	8
9					2	6	4	5
	6		9	7			8	
	3		4			1	9	

Puzzle #7
EASY

	7			1	9	6		3
		8						5
6		1	3	5	4			8
1	3		6				2	
	8		2	9				
7					8			
	2	7	9		6	4		
	6			3		7	8	
8				2	7	9	5	

Puzzle #8

EASY

5		7		2	1	6		
	6	1	3			9	7	5
	3			5				8
	7	2		9			6	
			6		4			
				8	2		9	
4						3		9
7	5		4		9	2	8	6
		9		3				7

Puzzle #9
EASY

5				9	7			
	7	8					4	9
			2			7	5	8
6		9		1	4			
	2	3		8	5		6	4
7	4				2			
9							7	1
		1		7	9	2	8	
			1	2	3	4		

Puzzle #10

EASY

7			1		2	8	3	6
8			7		5			9
4				6			7	2
6		9	5			2		
				2			3	
	8	2		1	3	4		
2	5	7		9	1		8	
				2			5	
9			4					3

Puzzle #11
EASY

9		7	1			6		2
	2		9		6	8	1	3
	1			5		9		
			8	3	5	1		
		3						6
2	5	1			9			
3		6		1	7			
		2	6				4	
1	8	9	4		3			

Puzzle #12

EASY

7		5	1	8		2	9	
	9		7	6				1
	3	8	4					6
5			6		8		3	
		7		5		6	1	9
			9	1		8	4	
	8		5			1	6	
			8		1			3
			2	9				8

Puzzle #13

EASY

1				7				
9		4	1			5		7
5	2			4			9	
6	8				4	3		2
7	1	5			3			
	4	3		9				
	7		2	5	9		1	3
	5	2	7	8		9	4	6
8				3				

Puzzle #14
EASY

	8			3	5			
6						8		5
		9			1	7	2	
		8		5			4	7
5			4	8				9
	9				7			3
2		1		9		3		
	4		5	2		1	6	8
8	3	5					7	

Puzzle #15

EASY

					1	5		2
3			9	2		4		8
	8		5		4	3	7	1
				5	3	6		4
8			4			2		
	4						1	
	9	8		1				5
2	5	7	8			1		
			7		5	8		9

Puzzle #16
EASY

6			2	1	8	7		
	1				5		8	
		9					5	4
5		2			9		3	1
1					2			9
7		3				4	2	8
9	2			6	4		1	7
		1				8		5
		6		7	1		4	2

Puzzle #17
EASY

						1	8	
		1		7			5	
5	8		4		2		7	
4		6	2		7	9		
				9	6		4	7
9	1	7	5	4		3	6	
					3	4		6
6		8	1			7		9
			9			2	8	

Puzzle #18

EASY

2	1			9				4
6	7		8					3
	3		5	6	2		9	7
				7			4	
1			9			7	5	
7	6		4		8	9	3	
	8	6			5		7	9
4	9		6	2				5
					9			6

Puzzle #19
EASY

	2	8					9		
6	1	9	5	2				4
		4			1			
3			7	1	8	2		
			2	4			6	1
2			6			5		8
			3	5			8	
8	5		1	7				2
	7	2			9	4	5	

Puzzle #20

EASY

								1
6			4	7				2
	7			2	3			
		9		5		8		
3	5			4	8		1	
		8				3		
		4	5	6		1		9
9			8	3		2	7	5
	2		1		7	6	4	

Puzzle #21

EASY

			8			4		3
8		3					7	
2	4			6		9		1
	1		7				2	4
		4			5	8		7
					2			
		2	9			5	1	
7	6	8	5	1			4	9
1			2	8			3	6

Puzzle #22

EASY

		6						2
5		4			9	6		7
			6	7	5		9	4
			5					9
6	9		4		2	7	8	
4			8			2		3
3	4		7	5		9		6
8	5			6	3			
	6	9		2		5		

Puzzle #23

EASY

	1	5	6					
	4		3	5	2		1	
6	8		1		9	5	2	
		2	8			6		
				1	7	3		2
3			5		6		8	4
	5		8		6	3	2	
	9		6		8		4	3

Puzzle #24

EASY

7			6					
		6	2		1			3
	1	4		5			6	
4			1					9
				4	5	8		
3	5	1			8	2		6
6		5		2			7	
		7	5		6		2	
	4	9		1	7		3	5

Puzzle #25
EASY

		9	8	7		2	3	
	7	2			9			
	4		6			9		5
	2			3	4	5		
	1	3			5			
	8	5	2				1	
2					7	4		8
				5			2	6
	9	8		6		7		3

Puzzle #26

EASY

			4	8		2	6	
				1		9	8	
	5			2	6			7
	4			9			7	
7	8		1		2	4	5	
	9	5						2
	7	4	6	3		5		
5		8		4	1			
	1			5		8	9	

Puzzle #27
EASY

		8	7		9		4	
				3			2	8
	7	1			4	9	5	6
4			3			5	8	7
8	9		6		5	1		
			4		8			
	8	9		2	3			
1	5	3	8				6	
				5				3

Puzzle #28

EASY

	9			1	7		5	2
2	7					8		
6		4	2	3	8		7	1
4	1		3		6	5		
	3	5	7				6	
	8					4		
5	4	7		2	1	3		
				7				
8		3	6					9

Puzzle #29

EASY

2	5	9		8		4	1	3
				5	9	6		
4			2					5
7		2			5		3	8
1	3	6	7	2				
	9	8		3				
		1	3	4		7		
	2			7		3	9	
			5		2		6	

Puzzle #30
EASY

1	7		6					8
			3	1		9	4	
8	4	9			2			3
		8			1	4	6	
5		4	9		3	7		
	6			4	7			5
	8	7						4
6		5	4		9			2
4			7		5			

Puzzle #31
EASY

				4			5	8
8	9	6				7		
				8		9	2	3
				1	2	4	3	
	1	5	4		9			
		4		3	8		6	5
	5	9	2				8	6
	7				1	2	9	4
			6				1	

Puzzle #32

EASY

5			8			4	3	9
			5				7	
	4	9		7	1	8		6
	5				3		4	8
1	3						2	5
6	2	8	7	4	5			
8		5		6	2			7
		2				5		
			9		7	1		

Puzzle #33
EASY

	5	8		7		9		
9				4	8		7	
		6	1				2	
8			5		6			
5					4	6		
	6		8	3		2	5	9
6					3		4	2
	7	5	4			8		3
	4	1			9	7	6	

Puzzle #34

EASY

		2						
8	4		3		2		6	1
1			4			2	7	
		5	7		6	8	1	
			9	3	8		4	5
		6		5		7		
5				8	1	3		2
	6	9		4			8	
			2	7	9	4		

Puzzle #35

EASY

4	8				2		9	
		7				6		
5	6		8	7	3			2
	2	3			5	1	4	
	5		9	3	6		2	7
			2			3		5
					7	5	8	
	9	6			4	2	7	
			1			9		

Puzzle #36

EASY

3	4	9					1	2
2	5			4			9	
8	1	6	5			7		
5	6		1				8	
9		8		5		4		
	2	4	8		9	3		6
		2		1		8		3
7						2		
4				8				

Puzzle #37

EASY

	1		5				7	6
7	3	4	9		1	5		2
9					8		1	
		9	1		7	3		
		5		3		8		7
				8	9		5	
	7	1			2			5
5		3			4			
6	9			7			2	

Puzzle #38

EASY

2		8	1				3	4
9	4	5		2	3	7		
1					4	8		2
			5		6			
			7	8		6		
	9							5
		1	6		9		2	3
4	2	9		5				
	6		2		8	4	7	

Puzzle #39

EASY

2			6			7	1	9
	1					4		2
			1			5	6	
	7	6				9	2	
	9			5		8	3	6
8		2	9		4		7	
4		7			3	2		1
	5	8		1		6		
	2		4	7				

Puzzle #40

EASY

	6		5		7		2	8
	5	9						7
7	8		6		9		4	5
6					2		5	
1	4	7	9	5		2		
	9		3			8		
			7		4			1
			1			4	8	6
				9	6		3	

Puzzle #41

EASY

	2	6	9		5			
3		4	7	6				2
	9		2					
6		8			7	3		9
7		2						8
5					3	1		6
	8	3	5				6	
		1	3			5	9	
9	7				2		3	1

Puzzle #42

EASY

1	4		7			3	9	
	6		4		8			2
							1	
	9	8	6		7	2		1
	2		1				3	
7						9		5
4						6	8	3
	3	7			5	1		
2		1	3	6	4	7	5	

Puzzle #43

EASY

9	4			7				
	2	5		3	4	8	7	
			5		2		1	9
2					7	9		
				2	1	3		
	5	6	4	9				1
7			2	6			5	
			8					
8		9	7	1		2		3

Puzzle #44
EASY

	5		7			8	3	2
	7				3	4	1	
	9		2	1				6
		4	1					7
		6					8	
8	1		9	3		6	4	5
					9			8
	6		5	8		1		
7		9	6			2		

Puzzle #45

EASY

		8		1	9	6	4	
6	7	3			4			
		1		5			7	2
		4	5	3		7		9
		9		6			3	
1	3	5	4			2		
				4			8	
3	8		9		6	4		
5		6		8				7

Puzzle #46

EASY

7							2	
	8		6				1	
	4	1	7	5	9	8		
9		5		3	6			2
			2	8	5	9		
6				7	1		4	5
4	9		3		8	2		1
	5			4				7
		2					3	

Puzzle #47

EASY

1			5	9	4	8		2
4			2					
	8		6	7			5	9
		4	3		8		6	7
		3	4		5	9		1
				6				
9		6		3	7	5		
2	4		1				9	
7				4	2		1	

Puzzle #48

EASY

4	8		7					
				1	2			5
		1	4	9	8			
6	9				4	8		
1			5	6			4	9
		3					5	7
7				4		5	3	8
		6	9			1		
				3			6	

Puzzle #49

EASY

	8						1	7
		4	1	9	5			6
	9			6		4	3	
9	3							
				3	9	1		
4		8			2	6		
	4	3		1	8			9
			7			3	2	
6	2	1	9		3		7	4

Puzzle #50
EASY

	4	5	9					
6					7	9		
8	7	9				5	4	
7			6			2		3
				1	5	4		9
	8	4		3	2		5	
		6			3	8	2	
4	1			6	8			
2	3		5	4	9			7

Puzzle #51

EASY

3	1	2					4	5	
6	9		4	3				7	
	7	8						6	
	5				4	3	1	8	
1						5	9		
8		3		1	9	7			
9	8		7				3	2	
2		7	1		3	9			
		4			6				

Puzzle #52
EASY

	1				2			4
		7		8	5			6
3	6	5			4	1		2
		1		6	8		9	3
7			9		3	2		1
2			5		7			8
		4						
		2	4	5		3		
	3			7	6	4		5

Puzzle #53

EASY

			5		4		1	
6	7			8				
	5	9	6	3		2	7	8
	1	7	9	5	2		6	
	9				8			
		3	4		7	8		
7	4	8						9
		5			6	3		
1						7		2

Puzzle #54

EASY

1	8					2		9
9		6					8	4
3		2		8		1		
4			8		2	6		3
	5				6		2	
2			4	7	9	8		1
5		4			3		6	
	3	8	7					
	9	1			8			

Puzzle #55
EASY

			7	8		2	1	
1	5							
	3	8	5					
	2	6					8	4
		5	6		8	9		3
		9		3	1			7
4		1				6		
6	9		8		4		3	
	7		1	2		8		

Puzzle #56

EASY

		6	5		3		1	2
	3		1			8		4
	5		9				6	
		1		5	6		2	
5			2					7
	9	8	7	4	1	5	3	
		3	6	9				
6	2		4					
9	4		3	2	8			

Puzzle #57

EASY

	7		4					
	8	6		9	7			
		1	8		3		9	7
					9		8	
	3	4		1	2	9		5
1				7		4		3
9			2	8		7	4	
							5	2
5				6	4	1	3	9

Puzzle #58

EASY

	8		4	9		5	2	
	7		2		1	8	3	9
9		2		3				7
			7	8	3			
8						3		
	3	6		5				4
5			3		6	2		
6	2		8		5			1
	1				4	6		3

Puzzle #59

EASY

			9		6	3		8
		9		8	5	7	6	
6	3		7				9	5
1		7	2		4		5	
					7			
3				6	8		9	7
5			6			2		
	4			2				3
7		3				6	8	

Puzzle #60

EASY

	9			1				3
		1					7	2
			2				5	8
9		7	6	5			8	4
1		4						5
6	2		3	8				1
	6	9		3	2	8	1	
8		2	4					
7				9		4	2	

Puzzle #61

EASY

6	5	9				4	3	
		2	6		4			
				9	3		6	7
		6	7	4				5
4								
	9	1	3			8		
	1			8	6		9	3
	4			2		6	5	8
8			5	3	9		4	1

Puzzle #62

EASY

5	3	6				8		
			3	9	6		2	
	2		1	5	8			
6				8		1		
9	8				5			
	5	7	2				8	6
4			8		2	3		1
			5	7	3			4
	7		4			6		8

Puzzle #63

EASY

7					8	1		3
	8	5	3	4		9		
	2			1	9			4
4	5		2			8		6
	1	8		5				9
		9		8	6		3	
5	6	1				3		
		7	9		5	6		
9				3		7		

Puzzle #64

EASY

4					3	9		
7			8	5	4		3	2
3		5						
2	3	1	6	4	9	5	7	8
9	5	4						6
	7	8						
	4			9	7		8	
					5		9	
		7	3		6	2		1

Puzzle #65

EASY

			1			7		9
		9	8		2			3
3	1	7						
1				2			7	5
9		3				6	2	4
5	4		6					
4	9			3			1	2
2	8			1				7
	3		2	5			6	

Puzzle #66

EASY

4			6	5			7	
			1			4	2	
			2	9		6		5
5	9		8		7			
	2		5	4		7	9	
	1						6	
	7	9	4		5	8		
6		1		8				
2	5		7	6	1		3	

Puzzle #67
EASY

5	7	4		6	2			9
		8	7			6	5	2
2	6	1						3
	8	9					7	
	2			4	9			1
	1				7	9	2	8
						3		4
	9	3					8	
		7	2				6	

Puzzle #68

EASY

	2						5		
		7	9					6	2
			7	2	8				9
6				4	2				3
3	9	4	1				5	8	
7	5	2			3	6			
4		1		5					
	3		2		7	4		1	
2			6			8			

Puzzle #69

EASY

5	8	6			7		4	
2	1						9	
9					1	6	8	
					9		1	
	7	2		5				
		5		8	3	4	7	2
3					5	1		4
	5		3	4				9
6	4				2			5

Puzzle #70

EASY

4		5		6			3	
		1	9		5	8		
1	5	8			3			2
9				7	1		8	
7	4	3	5					9
	9		1			2		8
		7			2		9	6
8	6	2	7	4	9	5		

Puzzle #71
EASY

	7	1			4		5	
			9		8	7		
9	8	4		1			3	2
	5			4		9		
			3	5		2		
		6	8	9		5	1	4
3		2						
			1	2	3		6	8
4		8		7	9			

Puzzle #72

EASY

	8						4	3	
3	4			1			8	6
7		6	4	3	8		1	
				5			6	4
4			6		1		5	9
1	6	5		4	9		7	
	7		2	9			4	
2			1			7		
		9	3					

Puzzle #73

EASY

	2		1		5	9	8	
4	1			6				
3	5		2	4		7	1	
2		7		1		8		
			6		3			9
6				8		4		5
		2			8			7
9						1	2	
	7	5		2				1

Puzzle #74

EASY

	2		3		1			
				2	4		9	6
4	7				6			2
8				4				
		2	9	5				1
7	4				8	9	6	
9	1		4		2			
	6		1		5	7		
		7	8	6	9	1		4

Puzzle #75
EASY

	4	1	5				9	2
8								
9	5				7		4	1
		5				2		9
2		4		6	8			
	1	9		5		7		4
	2		1		4		7	
	6	7	2		3			8
1		8	6					3

Puzzle #76

EASY

			6		9	3		1
	9		1				4	
6	5					9		8
	1			9			8	2
						1	7	4
	2	5	4					
5	3	9		4				7
2	8		5	3				9
		4	9	6	2	8	3	5

Puzzle #77

EASY

	2			7		8	9	
		8				6		5
4		6	9	2		3		
5	7			6	3			1
	1		8	4		7		2
	4	2	7					
	8			5	1			
2	6				7		4	
			4	9	2			

Puzzle #78

EASY

	3						4	7
2	8	5	1			3	9	
	4		8					1
4		9			1			8
	1					9	2	5
8		7	6			1		
	6	4			5	7		2
3		8			4		1	9
5					3	8	6	

Puzzle #79

EASY

			6					9
			2					5
2		3	7		5	8		
	5	2	9				6	
	1	4	8	3			5	2
3	7		1				9	
5		7	4	8			3	6
		8			9	2	1	
6			3		7	5		

Puzzle #80

EASY

2				5		9	8	
	9						4	2
7	8			9	4	3	5	1
			7					5
	7	9		1			3	2
5	6		8		3		7	
		1	4		5		9	3
9	3	4					6	
	5				8	2		

Puzzle #81

EASY

		6			9	5	4	
9							7	8
8	4		5	6	1	9	3	
		1	3					
	2		9	1	6			
	9					6	1	
		9	6	2				
	5	4	1	9		2	8	
1			4	7	5	3		

Puzzle #82

EASY

2					5	3	1	
3		6	7		1	8	2	5
				8			6	4
5			6		9			2
	3					6		1
	8	9					7	
1	7				6			9
		5			2			
		3	9	4	7	1		

Puzzle #83

EASY

		4	3	1		8		
	8		4				3	
5	3	6	8				7	
9			5		1	7		
4	7	1	6					2
		5	9	7	4		1	3
					9		6	1
			2	3	8		5	9
				5		3		

Puzzle #84

EASY

7	6		4				3	
2			3	1		6		8
3	1							
		1			8	3		4
4		6	1		3			5
			5	2		7	6	
	8		2		1	9		
9	4							7
		5		7	9	4	2	6

Puzzle #85

EASY

	6			8	1			9
	1						8	5
			4		3			
9		8	1		6	5	4	
		6		4	2			7
		2	9	7			1	
2		4	7			1	9	
	8	1		5	9	2		
						3	8	6

Puzzle #86

EASY

9			7	3			8	
1	2	8			4		7	
	5			1				
6						7		4
	3		4	8		5	6	9
		9			1			
7				4	2	9		8
	4			9		6		7
	9	3	8				4	2

Puzzle #87
EASY

		2	7					
3	4		9	5		7		8
	9				3			6
			3	7	9			
6			2		1		7	
							9	4
	2	3		6		9	1	7
9	1		8			5		2
				9		8	6	

Puzzle #88
EASY

3	4	1	8	9				
					1		9	
		6					5	8
	8	9			7	4	2	
7	1			2			8	3
2				8		9		1
		7	1			2		
5					6	8	1	
1	9		7	3			4	

Puzzle #89

EASY

4			9			1		
8			7		4	3		9
9		7				8	4	
	3		6		9	2	8	1
1		6			5	9		
			1			6		
						5	1	8
5	9			1			6	
		4	8	5	6	7		

Puzzle #90

EASY

2				4	7	9		
1	5	6	9	3		4	2	
		9		2			8	
			8			7		
	1		2	7			6	5
3	8	7	6	5				1
7			4		1	3		
	4							
	6	3			2		9	4

Puzzle #91
EASY

		4					5	6
		3		1			8	
	2		8		3			
6	9		7					4
3	7					8	9	
	4		9			6		
9	1				6	3		
8	5			9	4	7		1
4	3			8		2	5	

Puzzle #92

EASY

					9	6	5	1
5			7				8	
2		8	1	3				7
			6				9	5
	4	6	2	5			7	
8	2			9	7			
3				6		7		9
		7		1			3	8
		4		7	3			

Puzzle #93

EASY

8		1	3	4			2	
	5		6				8	3
				9	5	1		
6				5	9			4
		3				7	5	
		5	2	3		6	8	
		9	5		8	4		6
5	7		1			2		8
3		6						

Puzzle #94

EASY

6	5		4			1		
		1			2		8	3
	9		5	8		7	6	4
	8		2				3	
	4	9			8	2		7
	6			9	3		5	8
8	3	5					7	
				2	6	3	9	
9				7		8		

Puzzle #95

EASY

			7	2	4	8		
6	7	8	3	9				2
	1		5					
1			8			7		4
	5	4			6		3	9
7					3	2		
5				4			2	
9	8	7		3		5	4	
		6	1				9	7

Puzzle #96

EASY

	6	4	9		8		7	
					6	2		
			1	4	3	6		
7				6		4		
	4	1		3	2			
6		9			7	3	5	8
2			6	8			3	
	1			7			9	
		8	2	9	4			6

Puzzle #97

EASY

	8	2		7		1		4
			4					8
1		6				5	9	
6	7			2	5			9
2			8				4	1
9	1							6
7		9		5			1	
		1	3	4			7	
		5	9		7	6	8	3

Puzzle #98

EASY

3	6	4	5		1	9		
		9						
8			2	9		4	6	
		3	9	1		5	7	
			7		2			8
1	8	7		5		2		9
5	7					6	3	
6	9	1	3			8		
4							9	1

Puzzle #99
EASY

		3	2	1				9
5		1			7			
	2		6			1	8	
3	9		4			6	7	
6				8	3	4	9	
	7	4	5					
			1			8		
			8	5		9	4	
1			9		6	5	2	

Puzzle #100

EASY

			1	2	5	3		
9				6	3	5		
	1		8	7		6		
								4
		7			8		2	
		2	9	3			8	6
6	8				7			3
5		9			6	2	7	
2	7		5	4				9

Puzzle #101

EASY

	3		4	1	8	5	2	
	1		9	6				4
2								
			5	8		7	3	
1		3					9	
		7	1			2	8	
	5		2				4	
3				4	5		1	
4	2				9	8	5	7

Puzzle #102

EASY

		3		5				
5		9	1	7	4	2		
	6	2				4	5	7
			4				1	
			5	3			4	
4		1			9	3	2	6
3				2	7	6	8	
		6	8	1	5	9		4
				4		1	7	

Puzzle #103
EASY

		9		2		5	3	
8		1	6	3		7		
	5						2	
		4			2	6	1	
		5		7	4	9		2
	9	8				3		
			7		3		5	1
5		2	4				7	3
3			2	5			6	

Puzzle #104

EASY

	6			1				2
		5			9		3	4
3	9		8	4		6	7	1
	2		4		6	1		9
	7	4			2	3	6	
							2	
6			9				5	8
2	5	1				9		
8	3							

Puzzle #105

EASY

8		7	1	4			3	
					2	1		5
4	1					7		
5		1		3	9	8	7	
3	9		2				1	4
			4			6	9	
				1	4	3	5	
	8	3			7		6	
			3			2	8	1

Puzzle #106

EASY

5	7	9						
		1	7					6
6	8	2	3	5	4			1
2		8		9		5		
7	3	5	2		6	9		8
		4						3
		7				2	6	
				7		1		4
	5	6		4		3	7	

Puzzle #107

EASY

	5			4	3			6
	1	6			2			
3	2	4	5	6				
	8	7		9	5		6	
4	9	2		1		5		
				7			1	
	7	8			9	2		
		1	6			7	9	
	3	5			8			4

Puzzle #108

EASY

9	5			8	1	2		4
8			9				5	
		2	4	7			3	
		9	8		4		1	
2	6		7	9	3	4		5
3			1	5	2			
	3			4			9	6
	2			3			4	7
			6					

Puzzle #109

EASY

	4	1					6		3
3					7	4		1
8	5				3	9	7	
				1			2	8
			2	3	4		6	9
			8	7				5
1			7				3	4
2		5			9		1	
4	8			5	1			6

Puzzle #110
EASY

		1	4			3		
3	8			7	5			4
				9	1	5	2	8
						4	5	9
6	4		9		8		1	
	2	5						3
			8		6		3	
8	3				9		6	5
1	6			3	7	8		

Puzzle #111

EASY

		4	3	2		8		
3		8			6		1	
6	7					5	9	3
4	3		7		5			
2	1			8		7		4
		5			4		6	
		1				2	8	5
5		7		9				
8	6		1					

Puzzle #112

EASY

1	8		9	6		7	2	
7							3	5
6			4	7	5		1	
				2				9
3	6	7			4	1		
	9	2	3		8			
	7	1	6		9			
9		8						1
	3		8			2	9	

Puzzle #113

EASY

3	2	4			8	7	5	
9				4	7			2
1		5	6			4		
	5				2		6	1
			7				3	
8	3		1			9		7
	8		2		9			
7			8	3		5		
2		1					8	

Puzzle #114
EASY

2	5						4	
3		6	2		1			7
7	9		8		4	6		
			1	8	3	2		
6	8					7	1	
		2	9				3	
	3	4	7				9	2
	6	5			8	1		
	2		3	9		4		

Puzzle #115
EASY

5		3	1		6	4		2
2	4		8	7			9	5
				2		7	6	3
		7	3	1	9	2		
				5		6		1
8							7	9
	1							
7				6			5	4
		9	5	3			1	

Puzzle #116

EASY

8	7				3	6	5	
1	2			8	5	4		
	4	3			9	2		7
				7			9	
2	8	5		4				
	9		5			8		
		8	2	5	1		4	
7	5					3		
		1		3		9		5

Puzzle #117

EASY

			6		7			
					3	1	6	4
	3	4		8	5	2		7
	7				1	4	5	9
				3				8
	8	5			9		2	
	1	7	9	2	8			3
4	2	3			6			
8		9			4			

Puzzle #118

EASY

	3		9		6			
			2		3		7	5
	8		7					
	4			5			3	2
	9		3	7		5	8	6
5	7	3				4		1
	6		5	3				
3	5					2		9
	2	8		9			5	

Puzzle #119

EASY

	7		9				8	6
6			3				4	9
3		9			7	2		
5		1	2	9				8
8		6	7	4		1		
	2		5		1			
	8		4			9		1
				3		5		7
7		5	6	2				4

Puzzle #120

EASY

	7	9					5	
6	3		5	4		1		
5		4	3			2		6
7	9		4		6			1
		1			8		6	
		6		5			3	
2		7	1			5	4	
			7	8				2
4						3	7	9

Puzzle #121

EASY

				3	9	6	7	4
	4							
	8		7			3		1
	7	3	4				5	6
1	2					8	9	
		9		7	8	1	4	
6					4	7	1	
		5	6		7			
7	9	8	5		3	4		

Puzzle #122

EASY

3				4				
	8			6		5		
		9		7		3		1
		2				8	6	5
		6					3	7
5	3	7	6			4	9	2
	4		2	5		9		
1	2		3		6	7		
	6	8	7	1			5	3

Puzzle #123

EASY

5		2	8					
7			2	6				3
					1			9
	6			3	8	2		
2		7				9		
3	8		7	4	2			1
6			3				4	5
4	2				7	3	9	
9	3		6	1				

Puzzle #124

EASY

9	6	7	3	8		1		
	4	8			7	9		
	3	5			6	2	7	
8			9		1		4	
3				5		6		9
		6					1	5
			1		4			
		1		2	9		6	
		9	6			7	8	

Puzzle #125

EASY

	3						9		1
7	9	6		4	2	5		
					9			7
1				5	7	8	9	
2				9				5
9		4	2		8	1		
			9	6	5		1	
6				2	4			
	7	5				6	2	

Puzzle #126

EASY

					5			9
		6	4		2		8	
	1		6				3	
2	6				1	3	5	4
	8			3	4		9	
1		3	5				7	
5		2				9		7
	9	1		5			2	
				2	3	4		5

Puzzle #127

EASY

	2	8					7	1
	7		6	8	2	4	5	
3	4			9		2		
					4			
4		2					8	7
9	3		7	2		6	4	5
				7	1	8		4
	9		8		6	1		
			2		9			

Puzzle #128

EASY

9		6	5	2		8		
	8	4					9	2
		7		3			6	
6	2	1			9	5		
			1		6			8
4	9			5				3
8	7			1	5			
	4						5	9
			2		7	1	8	4

Puzzle #129

EASY

				3	6		1	
7				1				6
		6					5	3
	9	5	4		2			
		7	6		1		4	
6			5	9	3	8	7	
1							2	8
	8	4		2	7	6	9	
	7	2				1		

Puzzle #130
EASY

		1				4	7	8
	3	7			8			6
8	6				5	1	9	
		9		8				
7								5
	2	8	3				6	1
	9			3			1	4
		4	7	1	9	6		2
	7	6		5	4		8	

Puzzle #131

EASY

3			6	5		2		
2		4		3		1		
					7	3		4
				7	2	8	3	
5		3		9		7	1	
8			5	1		9		6
			2			4	8	
6	1			4	9	5	2	
						6		1

Puzzle #132

EASY

7	5			4				1
1			7	5	8	6	9	
			2	9	1			
	3		9		4		6	8
		6	8	3	7			
			5	6				
6				2				9
5		2					4	6
4	7	1			9	3	2	

Puzzle #133

EASY

6	2		5	1				
		7	9			5		
1		4			8		2	
7		1			4	3		2
	6					8		5
		5	2				9	7
3	7	8			6			1
			3					
5	4	6		2	1	9	8	

Puzzle #134

EASY

	2							
1	8	6	4	3		9	2	
			1	2	5	4		
2	6		7	4	8	5		9
	1				6	3	7	4
		7				2	8	
7	3							2
			5	8	2			
8					4	6	9	1

Puzzle #135

EASY

7	4	5	3					
	6	9					4	8
8	3	1	2					
1		3	5	9			2	4
			7		1	9		
					6			
9		2	6		3	4	5	7
				5		8	6	
3			8		7	1	9	

Puzzle #136

EASY

	2	9					7	
6					9			
	1			5	2			9
		7	6				8	5
		6		8		7		2
2		5	1					
		2		3	8	5		
8	5		2		4	9	6	
4	9	3		6		8		

Puzzle #137

EASY

8	7	4	3		5	2		
5	6	1		2	7	9	4	
3				6	1			
	5	9			4			2
6	2	3		7	8		5	
	8		6		2	3	7	4
	1						9	8

Puzzle #138

EASY

	2		5		9		6	
	3		2	4			7	9
	8	9		7	1			5
			1	6	5			
3			4		7		8	6
	6			9		2		
5			7					
9	4				2	8	1	7
		8	9		6		4	

Puzzle #139

EASY

7		2			6		8	5
9	6		5			3	1	
					2			
	2						3	9
6	7	8		9			5	
3		5		7		6		8
			1		9		4	
	5	9	8	6				3
		6		3		8		

Puzzle #140

EASY

2		6	5					
		7	1		4			3
			2	7		8	4	6
				4		7		9
7	3	4			2			
6		9	8					
4		2	3	9			6	8
	8	5				9	7	
9	6	1			5	3		

Puzzle #141

EASY

4			2	1	7		9	
	9				6	8	1	7
		1						
	8	7						9
9	1	3		8	5	6		4
2						7		
		5	3		9		4	8
			5				7	
	2		8		4	3		1

Puzzle #142

EASY

		2	4	6		7	8	
						2	3	5
8				1	2		9	
5	9		2	7				4
		6	1	3				8
1					6			
7	4	8		2	3	6		
6	2					5		3
				9	7			2

Puzzle #143

EASY

		9	1	2		4		3
			7	5				
8		7						5
3	8				2	1	4	7
	5		4				6	
7	9	4		1	6			
		1		6	7	5	3	
6		5	9					4
	7	8		4		6		

Puzzle #144
EASY

	5			1		7		
9	7				5	1		3
		4				6		2
			1	7	8		4	
	3	8			4	2	1	6
1			3	6		9	7	
	2		7			4		
						5	2	9
4		1	2	5	9			

Puzzle #145

EASY

	7	4	9	5				
3	5	8			4	6		
		9			7			4
					6	4		5
			4				3	
4		2	5			9		
2	6	7				8		1
	3	1	7		5	2		9
		5		2	1			

Puzzle #146
EASY

8				4				
			2		9	7		8
7		2		3			9	4
1	7		8		3			5
6			4		1	2	8	
		8	9	6	7		3	
		5	1				2	
4	6			8			7	9
	8							

Puzzle #147
EASY

	7		5			4		
			7		1		2	
5	2	3		8		6		
	1	5	9	4		2	8	
	8	7		2				
	4		1		8	3	5	
4	6		8	1		9		5
9			2			7		
	5		3					

Puzzle #148

EASY

	7			3		9		4
		3		7		8		
5			9	2		7		1
				5	3		8	
4					7	5	1	
	5						2	
2		7		4	1		9	
6	1	4		9	5			8
	3		7		2			

Puzzle #149

EASY

8				5	9			2
							3	
	2		7	3		8	5	
5		6	9		3	7		
9					5	4		
	3		6	7				
	7					2	1	6
	9	2		6	7			8
6	4		1	8			9	7

Puzzle #150

EASY

	2	5		3	9		8	
8							7	4
7		6	4	1			9	
		4	1			2		
	8	3			5			9
1		2				8	3	
9			8	5	2	4	1	
							7	6
	4		3				5	8

Puzzle #151
EASY

1								
	2		1	3		8	5	6
6		5				2	1	3
5		8		7	4	6		
				5			9	
7			2	6				1
	9	7		8	6	1		5
8		1				3		
		6	5	1	9		2	

Puzzle #152

EASY

	8		3		9	7		5
5		9	2		7	6		1
		1				3		9
	7	8		9				2
2		5	6			9	7	3
	6	3					1	
			7		4			
				2		4		
8			1	3	6		9	7

Puzzle #153

EASY

	5	1	6	7			8	4	
			5	3					7
3						1	9	6	5
9		8		4					
7		5			2	4			
		3		5				7	
5				1					6
			8	2	5			1	4
	4		7		6	5	3		

Puzzle #154

EASY

	1	5			9			
8	7				4	1		9
2	4		1		3	6		
6	8		4		5	7		
	9		3		6			2
		3		7				
		8	9				6	
9					1	4		
4		1	6	5		2		7

Puzzle #155

EASY

6		9						
8					4		7	
			2	1				
7						4		6
				9	6		2	3
	6	3	7	5	2	9		
	8	5				1	3	
	1	7		2	3	6	8	4
3	4	6	8	7			9	

Puzzle #156

EASY

7		2	9		6		3	5
6	3		7	1		4		
	1	4	8					
9			2		1			
1			6				7	
4		6		7			2	
				6	2			
		5	4		8	3	1	
	9	1	5			2	6	

Puzzle #157

EASY

3		6	7				2	4
				5		8	7	
	9						6	
8	2		5	1	6			
9		3		8				
					2	4	8	1
	8	9	2		1	6	3	7
1	3			6		5	4	
4							1	

Puzzle #158
EASY

1			9	8	2		6	5
3	9		7			8		1
	2	6	3	1			4	9
		8	1			6		
		9		3				
			4				8	
		7		4			3	6
	5	3	2			4		
	4	1				5	9	8

Puzzle #159

EASY

4			8			7	2	
		6			1			
3	9	8	2					
9		1			3		8	
	4				6	9		3
8		3		9	4		6	7
		4		7		6	5	8
		2				3	9	
6				4	5			

Puzzle #160

EASY

6	1	2		8		7	3	
		8						
				5	2		8	1
4	5		6		3		9	
3	9		2					4
8		7		4	5			3
9				3		8	2	
	7				4			
1		3	7		6	4		9

Puzzle #161

EASY

	5				6	8		
	4	8		2				5
						1	4	
				2	4	5		8
	8				3	2	1	
2		9		1	8		6	
				8	7		9	1
1	2			9	5			4
		6	4			7		2

Puzzle #162

EASY

2	3	7	8		5			
		6		7			5	2
9				3				
6		8			1		4	7
		3	9	2	6		8	
	1							
3	6	9			2			
		5		9		4		
7	2	4				9	1	6

Puzzle #163

EASY

6	2		7		1	8		
		8	6	4	9	7	2	5
		4			8	3		
4	1					2	8	
	5					1	4	7
8	9	7	4					
					6			2
	4		3	9				8
5	6			2		9		3

Puzzle #164

EASY

7	6	2	8	4	3		5	1
		3	9				6	
8		9		6		7	4	
	1						2	6
					5	8	3	7
4				2			9	
6		5		8	1			
2						5		
3					9			2

Puzzle #165

EASY

4		7				6	3	5
3	6		4			8		
			3	9				
			5				8	
	4			6	7			9
7	5		2					
1		6	9	8			7	3
8	3		7	5	2	9		1
		5		3	1			

Puzzle #166

EASY

			4			6	3	
	2	7		3	5			9
3	9			2		7		
	1	9	8	5			7	3
		4	9				2	
		5		7				6
	4		7			3	9	
8	6	3		1	9			
				4		2	6	

Puzzle #167

EASY

1			6	5	2	3		
2						6		1
8					9			
		4	9	8	7		5	3
3	1	8	5					
9	5		4			2		
7	3	6	8			5	1	
	8		2		5	7		
	9		7	1	3		6	

Puzzle #168

EASY

2	1				7	9		3
	3	4	9			1		
		8		1	3		6	2
		2		3			1	9
	7	9		5		6	3	
3				7	9		2	
		5			6		8	
		7		2		3	9	
	6				8		5	

Puzzle #169

EASY

1		3	6					7
	5	8		4	1			
7	9				3	1		6
					8	3	5	4
	8			3	2		9	1
3						6		
	2	1					7	
8					5	4		
	6	4		8		2		5

Puzzle #170

EASY

2			4		7			
	1	7		2			8	
		9	3		6			1
			6				3	
		2	1	9	5		4	7
6				3	4	2		9
1	8		2		3			5
9	2	5			8			4
		3		5	1			

Puzzle #171

EASY

		2		6		1	3	
	9	4			7	2		6
5		3	9		2			7
3	2			9			1	4
				4				8
	1	8		7			9	3
2	3				6			
		1	7			3		
6	7		3	8	1			

Puzzle #172

EASY

6	1	5				9		8
4	7	3					6	2
	9			6				
8				2	9	7		
7	4				3		9	5
				5	4		2	1
	6		8				3	7
3	8		2					
		9			5	4		

Puzzle #173

EASY

			3	2				
				1	7	5		
1				6		8	7	
6	4	1	2		5		8	7
			7	4				9
			8	3		1	4	
	2	8			3			1
				5	4	7		
9	5	7				4	3	6

Puzzle #174

EASY

	3	4	7		5	2		
5	6		8			4		
7	2			3			6	8
			3	1		7	5	
		5		2				1
	8							
2		3			9	6		5
6	9							4
		7	6	8	3	1	9	2

Puzzle #175

EASY

	8	2	1					
	3	9		8		1	4	
6				2				9
2		3		1	5		6	4
		8		3				1
4	5		9			8		3
1		5	2					8
		7	6		8			
8	9	6	4					7

Puzzle #176

EASY

			1		8		2	7
		7		5				
						3	1	
			8	4			7	3
		9		3	6	1	8	5
2				1				4
5	6			8	3	7		
	9	3				8		2
	1		7		5	6		9

Puzzle #177

EASY

	6				1		7	
		3			2			
					4		8	
	1	7					2	8
		5	2	9				
6		9	8				3	5
	3		1				4	2
	8	4	3				9	7
7	9	2	5	4	8	3		1

Puzzle #178

EASY

1	9	5					4		
		3		5				6
6	7	8		3		5		1
7				4			1	9
		4				6		2
	3	1	7					
8			3			1		7
2				8		9		3
3			5		7		8	

Puzzle #179

EASY

			7					
7	6	1					5	
2	3	8	1			9		
8	7	4			2	6	3	
9		3				5		
	1		4			2	7	
	8			5				6
6		9		1	8		4	2
3				6	7		1	

Puzzle #180

EASY

			9		5			1
9	4			2				
			1	6		9		
	2	4		9			1	7
1	3			5	7	2		8
6	5		2		1			3
2		6	8		4	7		
	7		6		9		4	
						6	8	

Puzzle #181

EASY

	1		4	5		3		6
6	4	5					9	
8	3	2		9	7	4		
		3	8	4	1		7	
9					3		6	
	5	7						
5		1	3	6	4			7
4	7			1				
3		6				9	1	

Puzzle #182

EASY

			4			3	7	2
	3	7			2		8	1
	8	1		5				6
1		4	3	9	6			
5		9	8					3
		3	5		1			
			1			6		
7		8			9		5	4
	5				7		9	

Puzzle #183

EASY

			7		4			9
6				9	8		7	1
				1				8
					6	8		
	4	1	8	3			5	
	8			2	1		4	
	2				9	6		
8		7	6	4		1	3	
	6		1		5		9	7

Puzzle #184

EASY

	5						1	2	
1		8							
7	3	2			1			8	
2		6	1						
	1		6		4		7	2	
	8			2	9			3	
	6	3	2					1	
9			3		7	8		5	
	7	1		4		2	3	9	

Puzzle #185

EASY

	3	9	8		1		2	
	6		3					7
				7	6	1		
	2		7				8	1
8			1	5				
1			9	3				6
9		2	4	1	3			8
		7	5				1	4
			6				9	2

Puzzle #186

EASY

4		1		9	5			
	5		8	4		3	1	
		2	6					9
	7	4				5		1
5				3	6		2	
	2	9	7	5			8	4
1	9	7		8				5
					9	1		8
	4	5						

Puzzle #187
EASY

8	9	3	5	6	7	2		
					1	5	9	
		1					3	8
2	1	6	4	7			8	
	3						1	
9	8		6					2
	6				9			
3			1	5		7	6	4
	7		3			1	5	

Puzzle #188

EASY

		6			3	8		5
		9		8	2		3	
	3				5	7	1	
	2	4			6	3		1
1	6		3					4
	8		9	1		2	6	
5				3			7	
	7				9	5		
			8		7	1		9

Puzzle #189

EASY

7		2					4	
		9	6		1	8		7
			7			5		3
6						4	3	
	2			9				
	4		3	1	6		8	2
2	7	4	9				1	
	3			2	4		7	
1			8	7	3			

Puzzle #190

EASY

8	2		5		9			
6	4	9	8					3
3				6	1	2	9	
2		4					5	
7	1	6	2			3	8	
9	3	5			8	4		
	6		9		4	8		
		2						5
			6	7				

Puzzle #191

EASY

	5				3	8		
				7				4
4	3	2	5	8				
3							1	
7	8	1		3			4	
		6	2	1	8	5		
	9		6				3	
	7		3			6		9
6		3				4		7

Puzzle #192

EASY

	7		2					8
2			5	1		6		
				4	8			2
8		7					4	6
1			4		6	3	5	
6						2		
5	2		3	7				9
			6	5	9		2	3
		6	8			4		5

Puzzle #193

EASY

	1				3			
6	7		2		8	5		
3			9		1			4
		1	8			7	6	
7	6					8		
8	9		7	5		2		
4		6	1				8	
	5				7	4		
9	3			8	4		5	

Puzzle #194

EASY

	7							
				8	2		6	
4	8	6		1		9		
	9				6		4	3
2	4	7		5	3	1		6
3		5	1				2	
			2	7	8	4	1	
		8	6	4	9	2		
9		4						

Puzzle #195

EASY

			3	1		4		
		4	2		5	7		
3		6			4			5
9				2	6	1		7
5		2	1					
		1		8	3	9		
			6		7		9	1
6	3		8	9				
		7			2		8	3

Puzzle #196

EASY

					6		8	
		7	5	8	2	1		
8	2	3	1		4	6		
3		2		6	8			
				1			6	4
9	6		3		7	8	2	
5				7	1	9		
1	7	9						
		6	9					

Puzzle #197
EASY

		8	9			5		7
7		6	1	5		9	3	
		9	2					
5			7	2	3			9
6	9	3		8		7		
	7		6		5	8		
	6			1	2			4
9				6	7			
	2			4				

Puzzle #198

EASY

8	9	3	5	6	7	2		
					1	5	9	
		1					3	8
2	1	6	4	7			8	
	3						1	
9	8		6					2
	6				9			
3			1	5		7	6	4
	7		3			1	5	

Puzzle #199

EASY

	1	7					3	
				9	6		5	
2								7
		4		8			7	9
6	3	9	2	5		1		4
	8	1	9				3	
1		6	3	4				
8	9	3				4		
		2	5			9	6	3

Puzzle #200

EASY

5			2	7	8			
2			9		1		5	
4		9		5			8	2
6			8	3		4		
	4		1		9		2	
1	9				5		3	
8	2	7	5		4	3	9	
			3		6			5
						8	4	

Puzzle # 1

7	9	1	8	6	4	2	3	5
5	2	4	3	1	9	8	7	6
8	3	6	2	7	5	4	1	9
6	5	9	1	4	2	7	8	3
1	7	2	9	3	8	5	6	4
4	8	3	7	5	6	9	2	1
9	4	8	6	2	3	1	5	7
2	6	7	5	9	1	3	4	8
3	1	5	4	8	7	6	9	2

Puzzle # 2

9	1	7	3	5	4	2	6	8
4	2	5	9	6	8	1	3	7
8	3	6	2	7	1	4	5	9
5	7	8	4	1	9	3	2	6
2	6	1	5	8	3	7	9	4
3	9	4	7	2	6	8	1	5
7	5	9	1	4	2	6	8	3
6	4	2	8	3	5	9	7	1
1	8	3	6	9	7	5	4	2

Puzzle # 3

5	3	8	7	1	4	6	2	9
4	2	1	6	9	3	8	5	7
9	7	6	8	2	5	1	4	3
8	1	3	2	4	7	9	6	5
6	4	9	5	3	1	2	7	8
7	5	2	9	8	6	3	1	4
2	9	4	1	7	8	5	3	6
1	6	7	3	5	9	4	8	2
3	8	5	4	6	2	7	9	1

Puzzle # 4

5	2	8	4	7	3	1	6	9
3	9	6	2	1	5	4	8	7
1	7	4	8	9	6	2	3	5
6	5	7	3	4	8	9	1	2
9	8	2	1	6	7	5	4	3
4	3	1	9	5	2	6	7	8
7	4	5	6	3	9	8	2	1
2	1	3	5	8	4	7	9	6
8	6	9	7	2	1	3	5	4

Puzzle # 5

2	5	6	3	8	9	4	7	1
7	3	9	6	1	4	5	8	2
4	8	1	5	2	7	9	6	3
6	1	7	9	5	2	3	4	8
5	9	2	8	4	3	6	1	7
3	4	8	7	6	1	2	5	9
9	6	4	1	3	8	7	2	5
1	2	3	4	7	5	8	9	6
8	7	5	2	9	6	1	3	4

Puzzle # 6

1	5	3	6	2	8	4	7	9
7	9	8	1	4	5	3	6	2
2	4	6	7	3	9	8	5	1
3	8	1	5	6	7	9	2	4
5	2	9	8	1	4	7	3	6
6	7	4	2	9	3	5	1	8
9	1	7	3	8	2	6	4	5
4	6	5	9	7	1	2	8	3
8	3	2	4	5	6	1	9	7

Puzzle # 7

2	7	5	8	1	9	6	4	3
3	4	8	7	6	2	1	9	5
6	9	1	3	5	4	2	7	8
1	3	9	6	7	5	8	2	4
4	8	6	2	9	3	5	1	7
7	5	2	1	4	8	3	6	9
5	2	7	9	8	6	4	3	1
9	6	4	5	3	1	7	8	2
8	1	3	4	2	7	9	5	6

Puzzle # 8

5	8	7	9	2	1	6	4	3
2	6	1	3	4	8	9	7	5
9	3	4	7	5	6	1	2	8
8	7	2	1	9	3	5	6	4
1	9	5	6	7	4	8	3	2
3	4	6	5	8	2	7	9	1
4	1	8	2	6	7	3	5	9
7	5	3	4	1	9	2	8	6
6	2	9	8	3	5	4	1	7

Puzzle # 9

5	1	4	8	9	7	6	3	2
2	7	8	5	3	6	1	4	9
3	9	6	2	4	1	7	5	8
6	8	9	3	1	4	5	2	7
1	2	3	7	8	5	9	6	4
7	4	5	9	6	2	8	1	3
9	6	2	4	5	8	3	7	1
4	3	1	6	7	9	2	8	5
8	5	7	1	2	3	4	9	6

Puzzle # 10

7	9	5	1	4	2	8	3	6
8	2	6	7	3	5	1	4	9
4	1	3	8	6	9	5	7	2
6	3	9	5	7	4	2	1	8
1	7	4	2	8	6	3	9	5
5	8	2	9	1	3	4	6	7
2	5	7	3	9	1	6	8	4
3	4	8	6	2	7	9	5	1
9	6	1	4	5	8	7	2	3

Puzzle # 11

9	3	7	1	8	4	6	5	2
4	2	5	9	7	6	8	1	3
6	1	8	3	5	2	9	4	7
7	6	4	8	3	5	1	2	9
8	9	3	2	4	1	5	7	6
2	5	1	7	6	9	3	8	4
3	4	6	5	1	7	2	9	8
5	7	2	6	9	8	4	3	1
1	8	9	4	2	3	7	6	5

Puzzle # 12

7	6	5	1	8	3	2	9	4
2	9	4	7	6	5	3	8	1
1	3	8	4	2	9	5	7	6
5	1	9	6	4	8	7	3	2
8	4	7	3	5	2	6	1	9
6	2	3	9	1	7	8	4	5
9	8	2	5	3	4	1	6	7
4	5	6	8	7	1	9	2	3
3	7	1	2	9	6	4	5	8

Puzzle # 13

1	6	8	9	7	5	2	3	4
9	3	4	1	6	2	5	8	7
5	2	7	3	4	8	6	9	1
6	8	9	5	1	4	3	7	2
7	1	5	8	2	3	4	6	9
2	4	3	6	9	7	1	5	8
4	7	6	2	5	9	8	1	3
3	5	2	7	8	1	9	4	6
8	9	1	4	3	6	7	2	5

Puzzle # 14

7	8	2	6	3	5	4	9	1
6	1	4	9	7	2	8	3	5
3	5	9	8	4	1	7	2	6
1	2	8	3	5	9	6	4	7
5	7	3	4	8	6	2	1	9
4	9	6	2	1	7	5	8	3
2	6	1	7	9	8	3	5	4
9	4	7	5	2	3	1	6	8
8	3	5	1	6	4	9	7	2

Puzzle # 15

6	7	4	3	8	1	5	9	2
3	1	5	9	2	7	4	6	8
9	8	2	5	6	4	3	7	1
7	2	9	1	5	3	6	8	4
8	3	1	4	9	6	2	5	7
5	4	6	2	7	8	9	1	3
4	9	8	6	1	2	7	3	5
2	5	7	8	3	9	1	4	6
1	6	3	7	4	5	8	2	9

Puzzle # 16

6	5	4	2	1	8	7	9	3
3	1	7	4	9	5	2	8	6
2	8	9	6	3	7	1	5	4
5	4	2	7	8	9	6	3	1
1	6	8	3	4	2	5	7	9
7	9	3	1	5	6	4	2	8
9	2	5	8	6	4	3	1	7
4	7	1	9	2	3	8	6	5
8	3	6	5	7	1	9	4	2

Puzzle # 17

7	2	4	6	5	1	8	9	3
3	6	1	8	7	9	5	2	4
5	8	9	4	3	2	6	7	1
4	3	6	2	1	7	9	5	8
8	5	2	3	9	6	1	4	7
9	1	7	5	4	8	3	6	2
2	9	5	7	8	3	4	1	6
6	4	8	1	2	5	7	3	9
1	7	3	9	6	4	2	8	5

Puzzle # 18

2	1	5	7	9	3	8	6	4
6	7	9	8	1	4	5	2	3
8	3	4	5	6	2	1	9	7
9	5	3	2	7	1	6	4	8
1	4	8	9	3	6	7	5	2
7	6	2	4	5	8	9	3	1
3	8	6	1	4	5	2	7	9
4	9	1	6	2	7	3	8	5
5	2	7	3	8	9	4	1	6

Puzzle # 19

7	2	8	4	3	6	9	1	5
6	1	9	5	2	7	8	3	4
5	3	4	9	8	1	7	2	6
3	6	5	7	1	8	2	4	9
9	8	7	2	4	5	3	6	1
2	4	1	6	9	3	5	7	8
4	9	6	3	5	2	1	8	7
8	5	3	1	7	4	6	9	2
1	7	2	8	6	9	4	5	3

Puzzle # 20

4	9	2	6	8	5	7	3	1
6	8	3	4	7	1	5	9	2
5	7	1	9	2	3	4	6	8
1	4	9	3	5	6	8	2	7
3	5	7	2	4	8	9	1	6
2	6	8	7	1	9	3	5	4
7	3	4	5	6	2	1	8	9
9	1	6	8	3	4	2	7	5
8	2	5	1	9	7	6	4	3

Puzzle # 21

6	7	1	8	2	9	4	5	3
8	9	3	4	5	1	6	7	2
2	4	5	3	6	7	9	8	1
5	1	6	7	9	8	3	2	4
9	2	4	1	3	5	8	6	7
3	8	7	6	4	2	1	9	5
4	3	2	9	7	6	5	1	8
7	6	8	5	1	3	2	4	9
1	5	9	2	8	4	7	3	6

Puzzle # 22

9	7	6	3	4	1	8	5	2
5	3	4	2	8	9	6	1	7
1	2	8	6	7	5	3	9	4
2	8	7	5	3	6	1	4	9
6	9	3	4	1	2	7	8	5
4	1	5	8	9	7	2	6	3
3	4	1	7	5	8	9	2	6
8	5	2	9	6	3	4	7	1
7	6	9	1	2	4	5	3	8

Puzzle # 23

2	1	5	6	7	8	9	4	3
7	4	9	3	5	2	8	1	6
6	8	3	1	4	9	5	2	7
1	5	2	8	3	4	6	7	9
8	6	4	9	1	7	3	5	2
3	9	7	5	2	6	1	8	4
4	3	1	2	9	5	7	6	8
5	7	8	4	6	3	2	9	1
9	2	6	7	8	1	4	3	5

Puzzle # 24

7	2	3	6	8	4	5	9	1
5	9	6	2	7	1	4	8	3
8	1	4	9	5	3	7	6	2
4	7	8	1	6	2	3	5	9
9	6	2	3	4	5	8	1	7
3	5	1	7	9	8	2	4	6
6	3	5	4	2	9	1	7	8
1	8	7	5	3	6	9	2	4
2	4	9	8	1	7	6	3	5

Puzzle # 25

5	6	9	8	7	1	2	3	4
3	7	2	5	4	9	8	6	1
8	4	1	6	2	3	9	7	5
6	2	7	1	3	4	5	8	9
9	1	3	7	8	5	6	4	2
4	8	5	2	9	6	3	1	7
2	5	6	3	1	7	4	9	8
7	3	4	9	5	8	1	2	6
1	9	8	4	6	2	7	5	3

Puzzle # 26

1	3	7	4	8	9	2	6	5
4	6	2	7	1	5	9	8	3
8	5	9	3	2	6	1	4	7
2	4	1	5	9	3	6	7	8
7	8	3	1	6	2	4	5	9
6	9	5	8	7	4	3	1	2
9	7	4	6	3	8	5	2	1
5	2	8	9	4	1	7	3	6
3	1	6	2	5	7	8	9	4

Puzzle # 27

5	2	8	7	6	9	3	4	1
9	6	4	5	3	1	7	2	8
3	7	1	2	8	4	9	5	6
4	1	6	3	9	2	5	8	7
8	9	2	6	7	5	1	3	4
7	3	5	4	1	8	6	9	2
6	8	9	1	2	3	4	7	5
1	5	3	8	4	7	2	6	9
2	4	7	9	5	6	8	1	3

Puzzle # 28

3	9	8	4	1	7	6	5	2
2	7	1	5	6	9	8	3	4
6	5	4	2	3	8	9	7	1
4	1	2	3	8	6	5	9	7
9	3	5	7	4	2	1	6	8
7	8	6	1	9	5	4	2	3
5	4	7	9	2	1	3	8	6
1	6	9	8	7	3	2	4	5
8	2	3	6	5	4	7	1	9

Puzzle # 29

2	5	9	6	8	7	4	1	3
8	1	3	4	5	9	6	2	7
4	6	7	2	1	3	9	8	5
7	4	2	9	6	5	1	3	8
1	3	6	7	2	8	5	4	9
5	9	8	1	3	4	2	7	6
9	8	1	3	4	6	7	5	2
6	2	5	8	7	1	3	9	4
3	7	4	5	9	2	8	6	1

Puzzle # 30

1	7	3	6	9	4	2	5	8
2	5	6	3	1	8	9	4	7
8	4	9	5	7	2	6	1	3
7	3	8	2	5	1	4	6	9
5	2	4	9	6	3	7	8	1
9	6	1	8	4	7	3	2	5
3	8	7	1	2	6	5	9	4
6	1	5	4	3	9	8	7	2
4	9	2	7	8	5	1	3	6

Puzzle # 31

2	3	1	9	4	7	6	5	8
8	9	6	3	2	5	7	4	1
5	4	7	1	8	6	9	2	3
7	6	8	5	1	2	4	3	9
3	1	5	4	6	9	8	7	2
9	2	4	7	3	8	1	6	5
1	5	9	2	7	4	3	8	6
6	7	3	8	5	1	2	9	4
4	8	2	6	9	3	5	1	7

Puzzle # 32

5	7	1	8	2	6	4	3	9
3	8	6	5	9	4	2	7	1
2	4	9	3	7	1	8	5	6
9	5	7	2	1	3	6	4	8
1	3	4	6	8	9	7	2	5
6	2	8	7	4	5	9	1	3
8	1	5	4	6	2	3	9	7
7	9	2	1	3	8	5	6	4
4	6	3	9	5	7	1	8	2

Puzzle # 33

4	5	8	6	7	2	9	3	1
9	1	2	3	4	8	5	7	6
7	3	6	1	9	5	4	2	8
8	9	7	5	2	6	3	1	4
5	2	3	9	1	4	6	8	7
1	6	4	8	3	7	2	5	9
6	8	9	7	5	3	1	4	2
2	7	5	4	6	1	8	9	3
3	4	1	2	8	9	7	6	5

Puzzle # 34

6	5	2	8	1	7	9	3	4
8	4	7	3	9	2	5	6	1
1	9	3	4	6	5	2	7	8
4	3	5	7	2	6	8	1	9
7	2	1	9	3	8	6	4	5
9	8	6	1	5	4	7	2	3
5	7	4	6	8	1	3	9	2
2	6	9	5	4	3	1	8	7
3	1	8	2	7	9	4	5	6

Puzzle # 35

4	8	1	5	6	2	7	9	3
2	3	7	4	1	9	6	5	8
5	6	9	8	7	3	4	1	2
6	2	3	7	8	5	1	4	9
1	5	4	9	3	6	8	2	7
9	7	8	2	4	1	3	6	5
3	1	2	6	9	7	5	8	4
8	9	6	3	5	4	2	7	1
7	4	5	1	2	8	9	3	6

Puzzle # 36

3	4	9	7	6	8	5	1	2
2	5	7	3	4	1	6	9	8
8	1	6	5	9	2	7	3	4
5	6	3	1	2	4	9	8	7
9	7	8	6	5	3	4	2	1
1	2	4	8	7	9	3	5	6
6	9	2	4	1	5	8	7	3
7	8	1	9	3	6	2	4	5
4	3	5	2	8	7	1	6	9

Puzzle # 37

8	1	2	5	4	3	7	6	9
7	3	4	9	6	1	5	8	2
9	5	6	7	2	8	4	1	3
2	8	9	1	5	7	3	4	6
1	4	5	2	3	6	8	9	7
3	6	7	4	8	9	2	5	1
4	7	1	8	9	2	6	3	5
5	2	3	6	1	4	9	7	8
6	9	8	3	7	5	1	2	4

Puzzle # 38

2	7	8	1	6	5	9	3	4
9	4	5	8	2	3	7	1	6
1	3	6	9	7	4	8	5	2
8	1	2	5	9	6	3	4	7
3	5	4	7	8	2	6	9	1
6	9	7	4	3	1	2	8	5
7	8	1	6	4	9	5	2	3
4	2	9	3	5	7	1	6	8
5	6	3	2	1	8	4	7	9

Puzzle # 39

2	8	3	6	4	5	7	1	9
6	1	5	3	9	7	4	8	2
7	4	9	1	2	8	5	6	3
5	7	6	8	3	1	9	2	4
1	9	4	7	5	2	8	3	6
8	3	2	9	6	4	1	7	5
4	6	7	5	8	3	2	9	1
3	5	8	2	1	9	6	4	7
9	2	1	4	7	6	3	5	8

Puzzle # 40

3	6	1	5	4	7	9	2	8
4	5	9	2	8	3	6	1	7
7	8	2	6	1	9	3	4	5
6	3	8	4	7	2	1	5	9
1	4	7	9	5	8	2	6	3
2	9	5	3	6	1	8	7	4
8	2	6	7	3	4	5	9	1
9	7	3	1	2	5	4	8	6
5	1	4	8	9	6	7	3	2

Puzzle # 41

1	2	6	9	8	5	7	4	3
3	5	4	7	6	1	9	8	2
8	9	7	2	3	4	6	1	5
6	1	8	4	5	7	3	2	9
7	3	2	1	9	6	4	5	8
5	4	9	8	2	3	1	7	6
4	8	3	5	1	9	2	6	7
2	6	1	3	7	8	5	9	4
9	7	5	6	4	2	8	3	1

Puzzle # 42

1	4	5	7	2	6	3	9	8
9	6	3	4	1	8	5	7	2
8	7	2	5	9	3	4	1	6
3	9	8	6	5	7	2	4	1
5	2	6	1	4	9	8	3	7
7	1	4	8	3	2	9	6	5
4	5	9	2	7	1	6	8	3
6	3	7	9	8	5	1	2	4
2	8	1	3	6	4	7	5	9

Puzzle # 43

9	4	8	1	7	6	5	3	2
1	2	5	9	3	4	8	7	6
6	7	3	5	8	2	4	1	9
2	8	1	3	5	7	9	6	4
4	9	7	6	2	1	3	8	5
3	5	6	4	9	8	7	2	1
7	3	4	2	6	9	1	5	8
5	1	2	8	4	3	6	9	7
8	6	9	7	1	5	2	4	3

Puzzle # 44

4	5	1	7	9	6	8	3	2
6	7	2	8	5	3	4	1	9
3	9	8	2	1	4	5	7	6
5	3	4	1	6	8	9	2	7
9	2	6	4	7	5	3	8	1
8	1	7	9	3	2	6	4	5
1	4	5	3	2	9	7	6	8
2	6	3	5	8	7	1	9	4
7	8	9	6	4	1	2	5	3

Puzzle # 45

2	5	8	7	1	9	6	4	3
6	7	3	8	2	4	1	9	5
4	9	1	6	5	3	8	7	2
8	6	4	5	3	2	7	1	9
7	2	9	1	6	8	5	3	4
1	3	5	4	9	7	2	6	8
9	1	7	2	4	5	3	8	6
3	8	2	9	7	6	4	5	1
5	4	6	3	8	1	9	2	7

Puzzle # 46

7	3	6	8	1	4	5	2	9
5	8	9	6	2	3	7	1	4
2	4	1	7	5	9	8	6	3
9	7	5	4	3	6	1	8	2
3	1	4	2	8	5	9	7	6
6	2	8	9	7	1	3	4	5
4	9	7	3	6	8	2	5	1
8	5	3	1	4	2	6	9	7
1	6	2	5	9	7	4	3	8

Puzzle # 47

1	6	7	5	9	4	8	3	2
4	5	9	2	8	3	1	7	6
3	8	2	6	7	1	4	5	9
5	9	4	3	1	8	2	6	7
6	7	3	4	2	5	9	8	1
8	2	1	7	6	9	3	4	5
9	1	6	8	3	7	5	2	4
2	4	8	1	5	6	7	9	3
7	3	5	9	4	2	6	1	8

Puzzle # 48

4	8	2	7	5	6	3	9	1
9	6	7	3	1	2	4	8	5
3	5	1	4	9	8	7	2	6
6	9	5	2	7	4	8	1	3
1	7	8	5	6	3	2	4	9
2	4	3	1	8	9	6	5	7
7	2	9	6	4	1	5	3	8
8	3	6	9	2	5	1	7	4
5	1	4	8	3	7	9	6	2

Puzzle # 49

5	8	6	3	2	4	9	1	7
3	7	4	1	9	5	2	8	6
1	9	2	8	6	7	4	3	5
9	3	5	6	8	1	7	4	2
2	6	7	4	3	9	1	5	8
4	1	8	5	7	2	6	9	3
7	4	3	2	1	8	5	6	9
8	5	9	7	4	6	3	2	1
6	2	1	9	5	3	8	7	4

Puzzle # 50

1	4	5	9	8	6	7	3	2
6	2	3	4	5	7	9	1	8
8	7	9	3	2	1	5	4	6
7	5	1	6	9	4	2	8	3
3	6	2	8	1	5	4	7	9
9	8	4	7	3	2	6	5	1
5	9	6	1	7	3	8	2	4
4	1	7	2	6	8	3	9	5
2	3	8	5	4	9	1	6	7

Puzzle # 51

3	1	2	8	6	7	4	5	9
6	9	5	4	3	2	8	7	1
4	7	8	9	5	1	2	6	3
7	5	9	6	2	4	3	1	8
1	2	6	3	7	8	5	9	4
8	4	3	5	1	9	7	2	6
9	8	1	7	4	5	6	3	2
2	6	7	1	8	3	9	4	5
5	3	4	2	9	6	1	8	7

Puzzle # 52

9	1	8	6	3	2	5	7	4
4	2	7	1	8	5	9	3	6
3	6	5	7	9	4	1	8	2
5	4	1	2	6	8	7	9	3
7	8	6	9	4	3	2	5	1
2	9	3	5	1	7	6	4	8
6	5	4	3	2	9	8	1	7
8	7	2	4	5	1	3	6	9
1	3	9	8	7	6	4	2	5

Puzzle # 53

3	8	2	5	7	4	9	1	6
6	7	1	2	8	9	5	3	4
4	5	9	6	3	1	2	7	8
8	1	7	9	5	2	4	6	3
5	9	4	3	6	8	1	2	7
2	6	3	4	1	7	8	9	5
7	4	8	1	2	3	6	5	9
9	2	5	7	4	6	3	8	1
1	3	6	8	9	5	7	4	2

Puzzle # 54

1	8	5	6	4	7	2	3	9
9	7	6	2	3	1	5	8	4
3	4	2	9	8	5	1	7	6
4	1	7	8	5	2	6	9	3
8	5	9	3	1	6	4	2	7
2	6	3	4	7	9	8	5	1
5	2	4	1	9	3	7	6	8
6	3	8	7	2	4	9	1	5
7	9	1	5	6	8	3	4	2

Puzzle # 55

9	6	4	7	8	3	2	1	5
1	5	7	4	6	2	3	9	8
2	3	8	5	1	9	4	7	6
3	2	6	9	7	5	1	8	4
7	1	5	6	4	8	9	2	3
8	4	9	2	3	1	5	6	7
4	8	1	3	9	7	6	5	2
6	9	2	8	5	4	7	3	1
5	7	3	1	2	6	8	4	9

Puzzle # 56

4	8	6	5	7	3	9	1	2
7	3	9	1	6	2	8	5	4
1	5	2	9	8	4	7	6	3
3	7	1	8	5	6	4	2	9
5	6	4	2	3	9	1	8	7
2	9	8	7	4	1	5	3	6
8	1	3	6	9	7	2	4	5
6	2	7	4	1	5	3	9	8
9	4	5	3	2	8	6	7	1

Puzzle # 57

2	7	9	4	5	6	3	1	8
3	8	6	1	9	7	5	2	4
4	5	1	8	2	3	6	9	7
7	6	5	3	4	9	2	8	1
8	3	4	6	1	2	9	7	5
1	9	2	5	7	8	4	6	3
9	1	3	2	8	5	7	4	6
6	4	7	9	3	1	8	5	2
5	2	8	7	6	4	1	3	9

Puzzle # 58

3	8	1	4	9	7	5	2	6
4	7	5	2	6	1	8	3	9
9	6	2	5	3	8	1	4	7
1	5	4	7	8	3	9	6	2
8	9	7	6	4	2	3	1	5
2	3	6	1	5	9	7	8	4
5	4	9	3	1	6	2	7	8
6	2	3	8	7	5	4	9	1
7	1	8	9	2	4	6	5	3

Puzzle # 59

4	7	5	9	1	6	3	2	8
2	1	9	3	8	5	7	6	4
6	3	8	7	4	2	9	1	5
1	9	7	2	3	4	8	5	6
8	6	4	5	9	7	1	3	2
3	5	2	1	6	8	4	9	7
5	8	1	6	7	3	2	4	9
9	4	6	8	2	1	5	7	3
7	2	3	4	5	9	6	8	1

Puzzle # 60

2	9	8	7	1	5	6	4	3
5	4	1	8	6	3	7	9	2
3	7	6	2	4	9	1	5	8
9	3	7	6	5	1	2	8	4
1	8	4	9	2	7	3	6	5
6	2	5	3	8	4	9	7	1
4	6	9	5	3	2	8	1	7
8	1	2	4	7	6	5	3	9
7	5	3	1	9	8	4	2	6

Puzzle # 61

6	5	9	8	7	1	4	3	2
7	3	2	6	5	4	1	8	9
1	8	4	2	9	3	5	6	7
3	2	6	7	4	8	9	1	5
4	7	8	9	1	5	3	2	6
5	9	1	3	6	2	8	7	4
2	1	5	4	8	6	7	9	3
9	4	3	1	2	7	6	5	8
8	6	7	5	3	9	2	4	1

Puzzle # 62

5	3	6	7	2	4	8	1	9
8	1	4	3	9	6	5	2	7
7	2	9	1	5	8	4	6	3
6	4	2	9	8	7	1	3	5
9	8	1	6	3	5	7	4	2
3	5	7	2	4	1	9	8	6
4	9	5	8	6	2	3	7	1
1	6	8	5	7	3	2	9	4
2	7	3	4	1	9	6	5	8

Puzzle # 63

7	9	4	5	6	8	1	2	3
1	8	5	3	4	2	9	6	7
3	2	6	7	1	9	5	8	4
4	5	3	2	9	7	8	1	6
6	1	8	4	5	3	2	7	9
2	7	9	1	8	6	4	3	5
5	6	1	8	7	4	3	9	2
8	3	7	9	2	5	6	4	1
9	4	2	6	3	1	7	5	8

Puzzle # 64

4	8	2	1	6	3	9	5	7
7	6	9	8	5	4	1	3	2
3	1	5	9	7	2	8	6	4
2	3	1	6	4	9	5	7	8
9	5	4	7	2	8	3	1	6
6	7	8	5	3	1	4	2	9
1	4	3	2	9	7	6	8	5
8	2	6	4	1	5	7	9	3
5	9	7	3	8	6	2	4	1

Puzzle # 65

8	2	4	1	6	3	7	5	9
6	5	9	8	7	2	1	4	3
3	1	7	9	4	5	2	8	6
1	6	8	3	2	4	9	7	5
9	7	3	5	8	1	6	2	4
5	4	2	6	9	7	8	3	1
4	9	6	7	3	8	5	1	2
2	8	5	4	1	6	3	9	7
7	3	1	2	5	9	4	6	8

Puzzle # 66

4	8	2	6	5	3	1	7	9
9	6	5	1	7	8	4	2	3
1	3	7	2	9	4	6	8	5
5	9	6	8	1	7	3	4	2
8	2	3	5	4	6	7	9	1
7	1	4	9	3	2	5	6	8
3	7	9	4	2	5	8	1	6
6	4	1	3	8	9	2	5	7
2	5	8	7	6	1	9	3	4

Puzzle # 67

5	7	4	3	6	2	8	1	9
9	3	8	7	1	4	6	5	2
2	6	1	9	8	5	7	4	3
3	8	9	5	2	1	4	7	6
7	2	6	8	4	9	5	3	1
4	1	5	6	3	7	9	2	8
6	5	2	1	7	8	3	9	4
1	9	3	4	5	6	2	8	7
8	4	7	2	9	3	1	6	5

Puzzle # 68

9	2	3	4	6	1	5	8	7
8	4	7	9	3	5	1	6	2
1	6	5	7	2	8	3	4	9
6	1	8	5	4	2	9	7	3
3	9	4	1	7	6	2	5	8
7	5	2	8	9	3	6	1	4
4	8	1	3	5	9	7	2	6
5	3	6	2	8	7	4	9	1
2	7	9	6	1	4	8	3	5

Puzzle # 69

5	8	6	9	3	7	2	4	1
2	1	7	4	6	8	9	5	3
9	3	4	5	2	1	6	8	7
4	6	3	2	7	9	5	1	8
8	7	2	1	5	4	3	9	6
1	9	5	6	8	3	4	7	2
3	2	8	7	9	5	1	6	4
7	5	1	3	4	6	8	2	9
6	4	9	8	1	2	7	3	5

Puzzle # 70

4	8	5	2	6	7	9	3	1
2	3	9	8	1	4	6	5	7
6	7	1	9	3	5	8	2	4
1	5	8	6	9	3	7	4	2
9	2	6	4	7	1	3	8	5
7	4	3	5	2	8	1	6	9
3	9	4	1	5	6	2	7	8
5	1	7	3	8	2	4	9	6
8	6	2	7	4	9	5	1	3

Puzzle # 71

6	7	1	2	3	4	8	5	9
2	5	3	9	6	8	7	4	1
9	8	4	5	1	7	6	3	2
1	2	5	7	4	6	9	8	3
8	4	9	3	5	1	2	7	6
7	3	6	8	9	2	5	1	4
3	6	2	4	8	5	1	9	7
5	9	7	1	2	3	4	6	8
4	1	8	6	7	9	3	2	5

Puzzle # 72

5	8	1	9	6	2	4	3	7
3	4	2	5	1	7	9	8	6
7	9	6	4	3	8	2	1	5
9	2	8	7	5	3	1	6	4
4	3	7	6	2	1	8	5	9
1	6	5	8	4	9	3	7	2
8	7	3	2	9	5	6	4	1
2	5	4	1	8	6	7	9	3
6	1	9	3	7	4	5	2	8

Puzzle # 73

7	2	6	1	3	5	9	8	4
4	1	9	8	6	7	5	3	2
3	5	8	2	4	9	7	1	6
2	9	7	5	1	4	8	6	3
5	8	4	6	7	3	1	2	9
6	3	1	9	8	2	4	7	5
1	4	2	3	9	8	6	5	7
9	6	3	7	5	1	2	4	8
8	7	5	4	2	6	3	9	1

Puzzle # 74

5	2	6	3	9	1	4	7	8
1	8	3	7	2	4	5	9	6
4	7	9	5	8	6	3	1	2
8	9	1	6	4	3	2	5	7
6	3	2	9	5	7	8	4	1
7	4	5	2	1	8	9	6	3
9	1	8	4	7	2	6	3	5
2	6	4	1	3	5	7	8	9
3	5	7	8	6	9	1	2	4

Puzzle # 75

7	4	1	5	3	6	8	9	2
8	3	2	4	1	9	6	5	7
9	5	6	8	2	7	3	4	1
3	8	5	7	4	1	2	6	9
2	7	4	9	6	8	1	3	5
6	1	9	3	5	2	7	8	4
5	2	3	1	8	4	9	7	6
4	6	7	2	9	3	5	1	8
1	9	8	6	7	5	4	2	3

Puzzle # 76

8	4	7	6	2	9	3	5	1
3	9	2	1	8	5	7	4	6
6	5	1	3	7	4	9	2	8
4	1	3	7	9	6	5	8	2
9	6	8	2	5	3	1	7	4
7	2	5	4	1	8	6	9	3
5	3	9	8	4	1	2	6	7
2	8	6	5	3	7	4	1	9
1	7	4	9	6	2	8	3	5

Puzzle # 77

3	2	1	5	7	6	8	9	4
7	9	8	1	3	4	6	2	5
4	5	6	9	2	8	3	1	7
5	7	9	2	6	3	4	8	1
6	1	3	8	4	9	7	5	2
8	4	2	7	1	5	9	3	6
9	8	4	6	5	1	2	7	3
2	6	5	3	8	7	1	4	9
1	3	7	4	9	2	5	6	8

Puzzle # 78

9	3	1	5	2	6	4	8	7
2	8	5	1	4	7	3	9	6
7	4	6	8	3	9	2	5	1
4	2	9	3	5	1	6	7	8
6	1	3	4	7	8	9	2	5
8	5	7	6	9	2	1	4	3
1	6	4	9	8	5	7	3	2
3	7	8	2	6	4	5	1	9
5	9	2	7	1	3	8	6	4

Puzzle # 79

7	4	5	6	1	8	3	2	9
1	8	9	2	4	3	6	7	5
2	6	3	7	9	5	8	4	1
8	5	2	9	7	4	1	6	3
9	1	4	8	3	6	7	5	2
3	7	6	1	5	2	4	9	8
5	2	7	4	8	1	9	3	6
4	3	8	5	6	9	2	1	7
6	9	1	3	2	7	5	8	4

Puzzle # 80

2	4	3	6	5	1	9	8	7
1	9	5	3	8	7	4	2	6
7	8	6	2	9	4	3	5	1
3	1	8	7	2	9	6	4	5
4	7	9	5	1	6	8	3	2
5	6	2	8	4	3	1	7	9
8	2	1	4	6	5	7	9	3
9	3	4	1	7	2	5	6	8
6	5	7	9	3	8	2	1	4

Puzzle # 81

2	3	6	7	8	9	5	4	1
9	1	5	2	3	4	7	6	8
8	4	7	5	6	1	9	3	2
4	6	1	3	5	7	8	2	9
5	2	8	9	1	6	4	7	3
7	9	3	8	4	2	6	1	5
3	7	9	6	2	8	1	5	4
6	5	4	1	9	3	2	8	7
1	8	2	4	7	5	3	9	6

Puzzle # 82

2	9	8	4	6	5	3	1	7
3	4	6	7	9	1	8	2	5
7	5	1	2	8	3	9	6	4
5	1	7	6	3	9	4	8	2
4	3	2	5	7	8	6	9	1
6	8	9	1	2	4	5	7	3
1	7	4	8	5	6	2	3	9
9	6	5	3	1	2	7	4	8
8	2	3	9	4	7	1	5	6

Puzzle # 83

7	9	4	3	1	5	8	2	6
1	8	2	4	6	7	9	3	5
5	3	6	8	9	2	1	7	4
9	6	3	5	2	1	7	4	8
4	7	1	6	8	3	5	9	2
8	2	5	9	7	4	6	1	3
3	5	8	7	4	9	2	6	1
6	1	7	2	3	8	4	5	9
2	4	9	1	5	6	3	8	7

Puzzle # 84

7	6	8	4	5	2	1	3	9
2	5	9	3	1	7	6	4	8
3	1	4	9	8	6	5	7	2
5	2	1	7	6	8	3	9	4
4	7	6	1	9	3	2	8	5
8	9	3	5	2	4	7	6	1
6	8	7	2	4	1	9	5	3
9	4	2	6	3	5	8	1	7
1	3	5	8	7	9	4	2	6

Puzzle # 85

7	6	3	5	8	1	4	2	9
4	1	9	6	2	7	8	5	3
8	2	5	4	9	3	7	6	1
9	7	8	1	3	6	5	4	2
1	5	6	8	4	2	9	3	7
3	4	2	9	7	5	6	1	8
2	3	4	7	6	8	1	9	5
6	8	1	3	5	9	2	7	4
5	9	7	2	1	4	3	8	6

Puzzle # 86

9	6	4	7	3	5	2	8	1
1	2	8	9	6	4	3	7	5
3	5	7	2	1	8	4	9	6
6	8	5	3	2	9	7	1	4
2	3	1	4	8	7	5	6	9
4	7	9	6	5	1	8	2	3
7	1	6	5	4	2	9	3	8
8	4	2	1	9	3	6	5	7
5	9	3	8	7	6	1	4	2

Puzzle # 87

5	6	2	7	1	8	4	3	9
3	4	1	9	5	6	7	2	8
7	9	8	4	2	3	1	5	6
2	5	4	3	7	9	6	8	1
6	8	9	2	4	1	3	7	5
1	3	7	6	8	5	2	9	4
8	2	3	5	6	4	9	1	7
9	1	6	8	3	7	5	4	2
4	7	5	1	9	2	8	6	3

Puzzle # 88

3	4	1	8	9	5	7	6	2
8	7	5	2	6	1	3	9	4
9	2	6	4	7	3	1	5	8
6	8	9	3	1	7	4	2	5
7	1	4	5	2	9	6	8	3
2	5	3	6	8	4	9	7	1
4	6	7	1	5	8	2	3	9
5	3	2	9	4	6	8	1	7
1	9	8	7	3	2	5	4	6

Puzzle # 89

4	6	3	9	8	2	1	5	7
8	5	1	7	6	4	3	2	9
9	2	7	5	3	1	8	4	6
7	3	5	6	4	9	2	8	1
1	8	6	3	2	5	9	7	4
2	4	9	1	7	8	6	3	5
6	7	2	4	9	3	5	1	8
5	9	8	2	1	7	4	6	3
3	1	4	8	5	6	7	9	2

Puzzle # 90

2	3	8	5	4	7	9	1	6
1	5	6	9	3	8	4	2	7
4	7	9	1	2	6	5	8	3
6	2	5	8	1	4	7	3	9
9	1	4	2	7	3	8	6	5
3	8	7	6	5	9	2	4	1
7	9	2	4	6	1	3	5	8
8	4	1	3	9	5	6	7	2
5	6	3	7	8	2	1	9	4

Puzzle # 91

1	8	4	2	7	9	5	3	6
7	6	3	4	1	5	9	8	2
5	2	9	8	6	3	4	1	7
6	9	5	7	3	8	1	2	4
3	7	1	6	4	2	8	9	5
2	4	8	9	5	1	6	7	3
9	1	7	5	2	6	3	4	8
8	5	2	3	9	4	7	6	1
4	3	6	1	8	7	2	5	9

Puzzle # 92

4	7	3	8	2	9	6	5	1
5	1	9	7	4	6	3	8	2
2	6	8	1	3	5	9	4	7
7	3	1	6	8	4	2	9	5
9	4	6	2	5	1	8	7	3
8	2	5	3	9	7	1	6	4
3	5	2	4	6	8	7	1	9
6	9	7	5	1	2	4	3	8
1	8	4	9	7	3	5	2	6

Puzzle # 93

8	6	1	3	4	7	9	2	5
9	5	7	6	1	2	8	4	3
4	3	2	8	9	5	1	6	7
6	2	8	7	5	9	3	1	4
1	9	3	4	8	6	7	5	2
7	4	5	2	3	1	6	8	9
2	1	9	5	7	8	4	3	6
5	7	4	1	6	3	2	9	8
3	8	6	9	2	4	5	7	1

Puzzle # 94

6	5	8	4	3	7	1	2	9
4	7	1	9	6	2	5	8	3
2	9	3	5	8	1	7	6	4
5	8	7	2	1	4	9	3	6
3	4	9	6	5	8	2	1	7
1	6	2	7	9	3	4	5	8
8	3	5	1	4	9	6	7	2
7	1	4	8	2	6	3	9	5
9	2	6	3	7	5	8	4	1

Puzzle # 95

3	9	5	7	2	4	8	1	6
6	7	8	3	9	1	4	5	2
4	1	2	5	6	8	9	7	3
1	2	3	8	5	9	7	6	4
8	5	4	2	7	6	1	3	9
7	6	9	4	1	3	2	8	5
5	3	1	9	4	7	6	2	8
9	8	7	6	3	2	5	4	1
2	4	6	1	8	5	3	9	7

Puzzle # 96

5	6	4	9	2	8	1	7	3
1	8	3	7	5	6	2	4	9
9	7	2	1	4	3	6	8	5
7	3	5	8	6	9	4	2	1
8	4	1	5	3	2	9	6	7
6	2	9	4	1	7	3	5	8
2	9	7	6	8	1	5	3	4
4	1	6	3	7	5	8	9	2
3	5	8	2	9	4	7	1	6

Puzzle # 97

3	8	2	5	7	9	1	6	4
5	9	7	4	6	1	3	2	8
1	4	6	2	8	3	5	9	7
6	7	4	1	2	5	8	3	9
2	5	3	8	9	6	7	4	1
9	1	8	7	3	4	2	5	6
7	3	9	6	5	8	4	1	2
8	6	1	3	4	2	9	7	5
4	2	5	9	1	7	6	8	3

Puzzle # 98

3	6	4	5	8	1	9	2	7
7	2	9	4	3	6	1	8	5
8	1	5	2	9	7	4	6	3
2	4	3	9	1	8	5	7	6
9	5	6	7	4	2	3	1	8
1	8	7	6	5	3	2	4	9
5	7	8	1	2	9	6	3	4
6	9	1	3	7	4	8	5	2
4	3	2	8	6	5	7	9	1

Puzzle # 99

4	6	3	2	1	8	7	5	9
5	8	1	3	9	7	2	6	4
9	2	7	6	4	5	1	8	3
3	9	5	4	2	1	6	7	8
6	1	2	7	8	3	4	9	5
8	7	4	5	6	9	3	1	2
2	5	9	1	7	4	8	3	6
7	3	6	8	5	2	9	4	1
1	4	8	9	3	6	5	2	7

Puzzle # 100

7	6	4	1	2	5	3	9	8
9	2	8	4	6	3	5	1	7
3	1	5	8	7	9	6	4	2
8	9	6	7	5	2	1	3	4
4	3	7	6	1	8	9	2	5
1	5	2	9	3	4	7	8	6
6	8	1	2	9	7	4	5	3
5	4	9	3	8	6	2	7	1
2	7	3	5	4	1	8	6	9

Puzzle # 101

7	3	6	4	1	8	5	2	9
8	1	5	9	6	2	3	7	4
2	9	4	3	5	7	1	6	8
9	6	2	5	8	4	7	3	1
1	8	3	7	2	6	4	9	5
5	4	7	1	9	3	2	8	6
6	5	8	2	7	1	9	4	3
3	7	9	8	4	5	6	1	2
4	2	1	6	3	9	8	5	7

Puzzle # 102

7	4	3	2	5	6	8	9	1
5	8	9	1	7	4	2	6	3
1	6	2	3	9	8	4	5	7
9	3	7	4	6	2	5	1	8
6	2	8	5	3	1	7	4	9
4	5	1	7	8	9	3	2	6
3	1	4	9	2	7	6	8	5
2	7	6	8	1	5	9	3	4
8	9	5	6	4	3	1	7	2

Puzzle # 103

4	7	9	1	2	8	5	3	6
8	2	1	6	3	5	7	9	4
6	5	3	9	4	7	1	2	8
7	3	4	8	9	2	6	1	5
1	6	5	3	7	4	9	8	2
2	9	8	5	1	6	3	4	7
9	4	6	7	8	3	2	5	1
5	1	2	4	6	9	8	7	3
3	8	7	2	5	1	4	6	9

Puzzle # 104

4	6	8	3	1	7	5	9	2
7	1	5	6	2	9	8	3	4
3	9	2	8	4	5	6	7	1
5	2	3	4	7	6	1	8	9
9	7	4	1	8	2	3	6	5
1	8	6	5	9	3	4	2	7
6	4	7	9	3	1	2	5	8
2	5	1	7	6	8	9	4	3
8	3	9	2	5	4	7	1	6

Puzzle # 105

8	2	7	1	4	5	9	3	6
6	3	9	7	8	2	1	4	5
4	1	5	9	6	3	7	2	8
5	4	1	6	3	9	8	7	2
3	9	6	2	7	8	5	1	4
2	7	8	4	5	1	6	9	3
9	6	2	8	1	4	3	5	7
1	8	3	5	2	7	4	6	9
7	5	4	3	9	6	2	8	1

Puzzle # 106

5	7	9	8	6	1	4	3	2
3	4	1	7	2	9	8	5	6
6	8	2	3	5	4	7	9	1
2	6	8	4	9	3	5	1	7
7	3	5	2	1	6	9	4	8
1	9	4	5	8	7	6	2	3
4	1	7	9	3	8	2	6	5
9	2	3	6	7	5	1	8	4
8	5	6	1	4	2	3	7	9

Puzzle # 107

8	5	9	7	4	3	1	2	6
7	1	6	9	8	2	3	4	5
3	2	4	5	6	1	7	9	8
1	8	7	3	9	5	4	6	2
4	9	2	8	1	6	5	3	7
5	6	3	2	7	4	8	1	9
6	7	8	4	3	9	2	5	1
2	4	1	6	5	7	9	8	3
9	3	5	1	2	8	6	7	4

Puzzle # 108

9	5	7	3	8	1	2	6	4
8	4	3	9	2	6	7	5	1
6	1	2	4	7	5	9	3	8
5	7	9	8	6	4	3	1	2
2	6	1	7	9	3	4	8	5
3	8	4	1	5	2	6	7	9
7	3	5	2	4	8	1	9	6
1	2	6	5	3	9	8	4	7
4	9	8	6	1	7	5	2	3

Puzzle # 109

7	4	1	5	9	2	6	8	3
3	9	2	6	8	7	4	5	1
8	5	6	1	4	3	9	7	2
6	7	4	9	1	5	3	2	8
5	1	8	2	3	4	7	6	9
9	2	3	8	7	6	1	4	5
1	6	9	7	2	8	5	3	4
2	3	5	4	6	9	8	1	7
4	8	7	3	5	1	2	9	6

Puzzle # 110

5	9	1	4	8	2	3	7	6
3	8	2	6	7	5	1	9	4
4	7	6	3	9	1	5	2	8
7	1	8	2	6	3	4	5	9
6	4	3	9	5	8	2	1	7
9	2	5	7	1	4	6	8	3
2	5	7	8	4	6	9	3	1
8	3	4	1	2	9	7	6	5
1	6	9	5	3	7	8	4	2

Puzzle # 111

1	5	4	3	2	9	8	7	6
3	9	8	5	7	6	4	1	2
6	7	2	8	4	1	5	9	3
4	3	9	7	6	5	1	2	8
2	1	6	9	8	3	7	5	4
7	8	5	2	1	4	3	6	9
9	4	1	6	3	7	2	8	5
5	2	7	4	9	8	6	3	1
8	6	3	1	5	2	9	4	7

Puzzle # 112

1	8	5	9	6	3	7	2	4
7	4	9	1	8	2	3	6	5
6	2	3	4	7	5	9	1	8
8	1	4	7	2	6	5	3	9
3	6	7	5	9	4	1	8	2
5	9	2	3	1	8	4	7	6
2	7	1	6	4	9	8	5	3
9	5	8	2	3	7	6	4	1
4	3	6	8	5	1	2	9	7

Puzzle # 113

3	2	4	9	1	8	7	5	6
9	6	8	5	4	7	3	1	2
1	7	5	6	2	3	4	9	8
4	5	7	3	9	2	8	6	1
6	1	9	7	8	4	2	3	5
8	3	2	1	5	6	9	4	7
5	8	3	2	6	9	1	7	4
7	4	6	8	3	1	5	2	9
2	9	1	4	7	5	6	8	3

Puzzle # 114

2	5	8	6	7	9	3	4	1
3	4	6	2	5	1	9	8	7
7	9	1	8	3	4	6	2	5
4	7	9	1	8	3	2	5	6
6	8	3	5	4	2	7	1	9
5	1	2	9	6	7	8	3	4
8	3	4	7	1	6	5	9	2
9	6	5	4	2	8	1	7	3
1	2	7	3	9	5	4	6	8

Puzzle # 115

5	7	3	1	9	6	4	8	2
2	4	6	8	7	3	1	9	5
1	9	8	2	4	5	7	6	3
6	5	7	3	1	9	2	4	8
9	2	4	7	5	8	6	3	1
8	3	1	6	2	4	5	7	9
3	1	5	4	8	7	9	2	6
7	8	2	9	6	1	3	5	4
4	6	9	5	3	2	8	1	7

Puzzle # 116

8	7	9	4	2	3	6	5	1
1	2	6	7	8	5	4	3	9
5	4	3	1	6	9	2	8	7
6	1	4	3	7	8	5	9	2
2	8	5	9	4	6	1	7	3
3	9	7	5	1	2	8	6	4
9	3	8	2	5	1	7	4	6
7	5	2	6	9	4	3	1	8
4	6	1	8	3	7	9	2	5

Puzzle # 117

2	9	1	6	4	7	8	3	5
7	5	8	2	9	3	1	6	4
6	3	4	1	8	5	2	9	7
3	7	2	8	6	1	4	5	9
9	4	6	5	3	2	7	1	8
1	8	5	4	7	9	3	2	6
5	1	7	9	2	8	6	4	3
4	2	3	7	5	6	9	8	1
8	6	9	3	1	4	5	7	2

Puzzle # 118

7	3	5	9	4	6	1	2	8
6	1	4	2	8	3	9	7	5
9	8	2	7	1	5	3	6	4
8	4	6	1	5	9	7	3	2
2	9	1	3	7	4	5	8	6
5	7	3	6	2	8	4	9	1
4	6	9	5	3	2	8	1	7
3	5	7	8	6	1	2	4	9
1	2	8	4	9	7	6	5	3

Puzzle # 119

1	7	2	9	5	4	3	8	6
6	5	8	3	1	2	7	4	9
3	4	9	8	6	7	2	1	5
5	3	1	2	9	6	4	7	8
8	9	6	7	4	3	1	5	2
4	2	7	5	8	1	6	9	3
2	8	3	4	7	5	9	6	1
9	6	4	1	3	8	5	2	7
7	1	5	6	2	9	8	3	4

Puzzle # 120

1	7	9	8	6	2	4	5	3
6	3	2	5	4	9	1	8	7
5	8	4	3	1	7	2	9	6
7	9	5	4	3	6	8	2	1
3	4	1	2	7	8	9	6	5
8	2	6	9	5	1	7	3	4
2	6	7	1	9	3	5	4	8
9	5	3	7	8	4	6	1	2
4	1	8	6	2	5	3	7	9

Puzzle # 121

2	5	1	8	3	9	6	7	4
3	4	7	1	6	2	5	8	9
9	8	6	7	4	5	3	2	1
8	7	3	4	9	1	2	5	6
1	2	4	3	5	6	8	9	7
5	6	9	2	7	8	1	4	3
6	3	2	9	8	4	7	1	5
4	1	5	6	2	7	9	3	8
7	9	8	5	1	3	4	6	2

Puzzle # 122

3	7	1	5	4	9	6	2	8
2	8	4	1	6	3	5	7	9
6	5	9	8	7	2	3	4	1
4	1	2	9	3	7	8	6	5
8	9	6	4	2	5	1	3	7
5	3	7	6	8	1	4	9	2
7	4	3	2	5	8	9	1	6
1	2	5	3	9	6	7	8	4
9	6	8	7	1	4	2	5	3

Puzzle # 123

5	1	2	8	9	3	4	6	7
7	9	4	2	6	5	8	1	3
8	6	3	4	7	1	5	2	9
1	5	6	9	3	8	2	7	4
2	4	7	1	5	6	9	3	8
3	8	9	7	4	2	6	5	1
6	7	8	3	2	9	1	4	5
4	2	1	5	8	7	3	9	6
9	3	5	6	1	4	7	8	2

Puzzle # 124

9	6	7	3	8	2	1	5	4
2	4	8	5	1	7	9	3	6
1	3	5	4	9	6	2	7	8
8	5	2	9	6	1	3	4	7
3	1	4	7	5	8	6	2	9
7	9	6	2	4	3	8	1	5
6	8	3	1	7	4	5	9	2
5	7	1	8	2	9	4	6	3
4	2	9	6	3	5	7	8	1

Puzzle # 125

8	3	2	5	7	6	9	4	1
7	9	6	1	4	2	5	8	3
5	4	1	3	8	9	2	6	7
1	6	3	4	5	7	8	9	2
2	8	7	6	9	1	4	3	5
9	5	4	2	3	8	1	7	6
3	2	8	9	6	5	7	1	4
6	1	9	7	2	4	3	5	8
4	7	5	8	1	3	6	2	9

Puzzle # 126

8	2	7	3	1	5	6	4	9
3	5	6	4	9	2	7	8	1
9	1	4	6	8	7	5	3	2
2	6	9	8	7	1	3	5	4
7	8	5	2	3	4	1	9	6
1	4	3	5	6	9	2	7	8
5	3	2	1	4	8	9	6	7
4	9	1	7	5	6	8	2	3
6	7	8	9	2	3	4	1	5

Puzzle # 127

6	2	8	4	3	5	7	1	9
1	7	9	6	8	2	4	5	3
3	4	5	1	9	7	2	6	8
5	8	7	9	6	4	3	2	1
4	6	2	5	1	3	9	8	7
9	3	1	7	2	8	6	4	5
2	5	6	3	7	1	8	9	4
7	9	4	8	5	6	1	3	2
8	1	3	2	4	9	5	7	6

Puzzle # 128

9	3	6	5	2	4	8	7	1
5	8	4	6	7	1	3	9	2
2	1	7	9	3	8	4	6	5
6	2	1	3	8	9	5	4	7
7	5	3	1	4	6	9	2	8
4	9	8	7	5	2	6	1	3
8	7	9	4	1	5	2	3	6
1	4	2	8	6	3	7	5	9
3	6	5	2	9	7	1	8	4

Puzzle # 129

4	5	8	2	3	6	9	1	7
7	2	3	9	1	5	4	8	6
9	1	6	7	4	8	2	5	3
8	9	5	4	7	2	3	6	1
2	3	7	6	8	1	5	4	9
6	4	1	5	9	3	8	7	2
1	6	9	3	5	4	7	2	8
3	8	4	1	2	7	6	9	5
5	7	2	8	6	9	1	3	4

Puzzle # 130

9	5	1	6	2	3	4	7	8
4	3	7	1	9	8	5	2	6
8	6	2	4	7	5	1	9	3
6	4	9	5	8	1	2	3	7
7	1	3	9	6	2	8	4	5
5	2	8	3	4	7	9	6	1
2	9	5	8	3	6	7	1	4
3	8	4	7	1	9	6	5	2
1	7	6	2	5	4	3	8	9

Puzzle # 131

3	7	1	6	5	4	2	9	8
2	5	4	9	3	8	1	6	7
9	8	6	1	2	7	3	5	4
1	6	9	4	7	2	8	3	5
5	4	3	8	9	6	7	1	2
8	2	7	5	1	3	9	4	6
7	3	5	2	6	1	4	8	9
6	1	8	7	4	9	5	2	3
4	9	2	3	8	5	6	7	1

Puzzle # 132

7	5	9	3	4	6	2	8	1
1	2	4	7	5	8	6	9	3
3	6	8	2	9	1	4	5	7
2	3	5	9	1	4	7	6	8
9	4	6	8	3	7	5	1	2
8	1	7	5	6	2	9	3	4
6	8	3	4	2	5	1	7	9
5	9	2	1	7	3	8	4	6
4	7	1	6	8	9	3	2	5

Puzzle # 133

6	2	9	5	1	7	4	3	8
8	3	7	9	4	2	5	1	6
1	5	4	6	3	8	7	2	9
7	9	1	8	5	4	3	6	2
2	6	3	1	7	9	8	4	5
4	8	5	2	6	3	1	9	7
3	7	8	4	9	6	2	5	1
9	1	2	3	8	5	6	7	4
5	4	6	7	2	1	9	8	3

Puzzle # 134

4	2	5	8	6	9	1	3	7
1	8	6	4	3	7	9	2	5
3	7	9	1	2	5	4	6	8
2	6	3	7	4	8	5	1	9
9	1	8	2	5	6	3	7	4
5	4	7	9	1	3	2	8	6
7	3	4	6	9	1	8	5	2
6	9	1	5	8	2	7	4	3
8	5	2	3	7	4	6	9	1

Puzzle # 135

7	4	5	3	8	9	2	1	6
2	6	9	1	7	5	3	4	8
8	3	1	2	6	4	5	7	9
1	7	3	5	9	8	6	2	4
6	2	4	7	3	1	9	8	5
5	9	8	4	2	6	7	3	1
9	8	2	6	1	3	4	5	7
4	1	7	9	5	2	8	6	3
3	5	6	8	4	7	1	9	2

Puzzle # 136

5	2	9	8	4	6	3	7	1
6	7	4	3	1	9	2	5	8
3	1	8	7	5	2	6	4	9
9	4	7	6	2	3	1	8	5
1	3	6	4	8	5	7	9	2
2	8	5	1	9	7	4	3	6
7	6	2	9	3	8	5	1	4
8	5	1	2	7	4	9	6	3
4	9	3	5	6	1	8	2	7

Puzzle # 137

8	7	4	3	9	5	2	1	6
5	6	1	8	2	7	9	4	3
3	9	2	4	6	1	5	8	7
7	5	9	1	3	4	8	6	2
1	4	8	2	5	6	7	3	9
6	2	3	9	7	8	4	5	1
9	8	5	6	1	2	3	7	4
4	3	6	7	8	9	1	2	5
2	1	7	5	4	3	6	9	8

Puzzle # 138

1	2	7	5	3	9	4	6	8
6	3	5	2	4	8	1	7	9
4	8	9	6	7	1	3	2	5
8	9	2	1	6	5	7	3	4
3	5	1	4	2	7	9	8	6
7	6	4	8	9	3	2	5	1
5	1	3	7	8	4	6	9	2
9	4	6	3	5	2	8	1	7
2	7	8	9	1	6	5	4	3

Puzzle # 139

7	1	2	3	4	6	9	8	5
9	6	4	5	8	7	3	1	2
5	8	3	9	1	2	4	6	7
4	2	1	6	5	8	7	3	9
6	7	8	2	9	3	1	5	4
3	9	5	4	7	1	6	2	8
8	3	7	1	2	9	5	4	6
1	5	9	8	6	4	2	7	3
2	4	6	7	3	5	8	9	1

Puzzle # 140

2	4	6	5	3	8	1	9	7
8	9	7	1	6	4	2	5	3
1	5	3	2	7	9	8	4	6
5	2	8	6	4	3	7	1	9
7	3	4	9	1	2	6	8	5
6	1	9	8	5	7	4	3	2
4	7	2	3	9	1	5	6	8
3	8	5	4	2	6	9	7	1
9	6	1	7	8	5	3	2	4

Puzzle # 141

4	6	8	2	1	7	5	9	3
3	9	2	4	5	6	8	1	7
7	5	1	9	3	8	4	6	2
5	8	7	6	4	2	1	3	9
9	1	3	7	8	5	6	2	4
2	4	6	1	9	3	7	8	5
1	7	5	3	6	9	2	4	8
8	3	4	5	2	1	9	7	6
6	2	9	8	7	4	3	5	1

Puzzle # 142

9	3	2	4	6	5	7	8	1
4	6	1	7	8	9	2	3	5
8	5	7	3	1	2	4	9	6
5	9	3	2	7	8	1	6	4
2	7	6	1	3	4	9	5	8
1	8	4	9	5	6	3	2	7
7	4	8	5	2	3	6	1	9
6	2	9	8	4	1	5	7	3
3	1	5	6	9	7	8	4	2

Puzzle # 143

5	6	9	1	2	8	4	7	3
4	1	3	7	5	9	2	8	6
8	2	7	6	3	4	9	1	5
3	8	6	5	9	2	1	4	7
1	5	2	4	7	3	8	6	9
7	9	4	8	1	6	3	5	2
9	4	1	2	6	7	5	3	8
6	3	5	9	8	1	7	2	4
2	7	8	3	4	5	6	9	1

Puzzle # 144

2	5	3	8	1	6	7	9	4
9	7	6	4	2	5	1	8	3
8	1	4	9	3	7	6	5	2
6	9	2	1	7	8	3	4	5
7	3	8	5	9	4	2	1	6
1	4	5	3	6	2	9	7	8
5	2	9	7	8	3	4	6	1
3	8	7	6	4	1	5	2	9
4	6	1	2	5	9	8	3	7

Puzzle # 145

6	7	4	9	5	8	3	1	2
3	5	8	2	1	4	6	9	7
1	2	9	6	3	7	5	8	4
7	8	3	1	9	6	4	2	5
5	9	6	4	7	2	1	3	8
4	1	2	5	8	3	9	7	6
2	6	7	3	4	9	8	5	1
8	3	1	7	6	5	2	4	9
9	4	5	8	2	1	7	6	3

Puzzle # 146

8	1	9	7	4	5	3	6	2
3	4	6	2	1	9	7	5	8
7	5	2	6	3	8	9	4	1
1	7	4	8	2	3	6	9	5
6	9	3	4	5	1	2	8	7
5	2	8	9	6	7	1	3	4
9	3	5	1	7	4	8	2	6
4	6	1	3	8	2	5	7	9
2	8	7	5	9	6	4	1	3

Puzzle # 147

1	7	6	5	3	2	4	9	8
8	9	4	7	6	1	5	2	3
5	2	3	4	8	9	6	7	1
6	1	5	9	4	3	2	8	7
3	8	7	6	2	5	1	4	9
2	4	9	1	7	8	3	5	6
4	6	2	8	1	7	9	3	5
9	3	8	2	5	6	7	1	4
7	5	1	3	9	4	8	6	2

Puzzle # 148

8	7	2	1	3	6	9	5	4
1	9	3	5	7	4	8	6	2
5	4	6	9	2	8	7	3	1
7	6	1	2	5	3	4	8	9
4	2	9	8	6	7	5	1	3
3	5	8	4	1	9	6	2	7
2	8	7	6	4	1	3	9	5
6	1	4	3	9	5	2	7	8
9	3	5	7	8	2	1	4	6

Puzzle # 149

8	6	3	4	5	9	1	7	2
7	5	9	2	1	8	6	3	4
4	2	1	7	3	6	8	5	9
5	8	6	9	4	3	7	2	1
9	1	7	8	2	5	4	6	3
2	3	4	6	7	1	9	8	5
3	7	8	5	9	4	2	1	6
1	9	2	3	6	7	5	4	8
6	4	5	1	8	2	3	9	7

Puzzle # 150

4	2	5	7	3	9	6	8	1
8	1	9	5	2	6	3	7	4
7	3	6	4	1	8	5	9	2
5	9	4	1	8	3	2	6	7
6	8	3	2	7	5	1	4	9
1	7	2	6	9	4	8	3	5
9	6	7	8	5	2	4	1	3
3	5	8	9	4	1	7	2	6
2	4	1	3	6	7	9	5	8

Puzzle # 151

1	8	3	6	2	5	9	7	4
9	2	4	1	3	7	8	5	6
6	7	5	4	9	8	2	1	3
5	1	8	9	7	4	6	3	2
3	6	2	8	5	1	4	9	7
7	4	9	2	6	3	5	8	1
2	9	7	3	8	6	1	4	5
8	5	1	7	4	2	3	6	9
4	3	6	5	1	9	7	2	8

Puzzle # 152

4	8	6	3	1	9	7	2	5
5	3	9	2	4	7	6	8	1
7	2	1	8	6	5	3	4	9
1	7	8	4	9	3	5	6	2
2	4	5	6	8	1	9	7	3
9	6	3	5	7	2	8	1	4
6	9	2	7	5	4	1	3	8
3	1	7	9	2	8	4	5	6
8	5	4	1	3	6	2	9	7

Puzzle # 153

2	5	1	6	7	9	8	4	3
8	9	6	5	3	4	1	2	7
3	7	4	2	8	1	9	6	5
9	6	8	1	4	7	3	5	2
7	1	5	3	6	2	4	8	9
4	2	3	9	5	8	6	7	1
5	8	7	4	1	3	2	9	6
6	3	9	8	2	5	7	1	4
1	4	2	7	9	6	5	3	8

Puzzle # 154

3	1	5	7	6	9	8	2	4
8	7	6	5	2	4	1	3	9
2	4	9	1	8	3	6	7	5
6	8	2	4	9	5	7	1	3
7	9	4	3	1	6	5	8	2
1	5	3	8	7	2	9	4	6
5	2	8	9	4	7	3	6	1
9	6	7	2	3	1	4	5	8
4	3	1	6	5	8	2	9	7

Puzzle # 155

6	7	9	3	8	5	2	4	1
8	2	1	9	6	4	3	7	5
5	3	4	2	1	7	8	6	9
7	9	2	1	3	8	4	5	6
1	5	8	4	9	6	7	2	3
4	6	3	7	5	2	9	1	8
2	8	5	6	4	9	1	3	7
9	1	7	5	2	3	6	8	4
3	4	6	8	7	1	5	9	2

Puzzle # 156

7	8	2	9	4	6	1	3	5
6	3	9	7	1	5	4	8	2
5	1	4	8	2	3	7	9	6
9	7	8	2	5	1	6	4	3
1	2	3	6	8	4	5	7	9
4	5	6	3	7	9	8	2	1
3	4	7	1	6	2	9	5	8
2	6	5	4	9	8	3	1	7
8	9	1	5	3	7	2	6	4

Puzzle # 157

3	5	6	7	9	8	1	2	4
2	4	1	6	5	3	8	7	9
7	9	8	1	2	4	3	6	5
8	2	4	5	1	6	7	9	3
9	1	3	4	8	7	2	5	6
6	7	5	9	3	2	4	8	1
5	8	9	2	4	1	6	3	7
1	3	7	8	6	9	5	4	2
4	6	2	3	7	5	9	1	8

Puzzle # 158

1	7	4	9	8	2	3	6	5
3	9	5	7	6	4	8	2	1
8	2	6	3	1	5	7	4	9
5	3	8	1	2	9	6	7	4
4	6	9	8	3	7	1	5	2
7	1	2	4	5	6	9	8	3
9	8	7	5	4	1	2	3	6
6	5	3	2	9	8	4	1	7
2	4	1	6	7	3	5	9	8

Puzzle # 159

4	1	5	8	3	9	7	2	6
7	2	6	4	5	1	8	3	9
3	9	8	2	6	7	5	4	1
9	6	1	7	2	3	4	8	5
2	4	7	5	8	6	9	1	3
8	5	3	1	9	4	2	6	7
1	3	4	9	7	2	6	5	8
5	7	2	6	1	8	3	9	4
6	8	9	3	4	5	1	7	2

Puzzle # 160

6	1	2	4	8	9	7	3	5
5	3	8	1	6	7	9	4	2
7	4	9	3	5	2	6	8	1
4	5	1	6	7	3	2	9	8
3	9	6	2	1	8	5	7	4
8	2	7	9	4	5	1	6	3
9	6	4	5	3	1	8	2	7
2	7	5	8	9	4	3	1	6
1	8	3	7	2	6	4	5	9

Puzzle # 161

9	5	3	1	4	6	8	2	7
6	1	4	8	7	2	9	3	5
7	8	2	3	5	9	1	4	6
3	6	1	9	2	4	5	7	8
5	4	8	7	6	3	2	1	9
2	7	9	5	1	8	4	6	3
4	3	5	2	8	7	6	9	1
1	2	7	6	9	5	3	8	4
8	9	6	4	3	1	7	5	2

Puzzle # 162

2	3	7	8	6	5	1	9	4
8	4	6	1	7	9	3	5	2
9	5	1	2	3	4	7	6	8
6	9	8	3	5	1	2	4	7
4	7	3	9	2	6	5	8	1
5	1	2	7	4	8	6	3	9
3	6	9	4	1	2	8	7	5
1	8	5	6	9	7	4	2	3
7	2	4	5	8	3	9	1	6

Puzzle # 163

6	2	5	7	3	1	8	9	4
1	3	8	6	4	9	7	2	5
9	7	4	2	5	8	3	6	1
4	1	3	5	6	7	2	8	9
2	5	6	9	8	3	1	4	7
8	9	7	4	1	2	5	3	6
3	8	9	1	7	6	4	5	2
7	4	2	3	9	5	6	1	8
5	6	1	8	2	4	9	7	3

Puzzle # 164

7	6	2	8	4	3	9	5	1
1	4	3	9	5	7	2	6	8
8	5	9	1	6	2	7	4	3
5	1	7	3	9	8	4	2	6
9	2	6	4	1	5	8	3	7
4	3	8	7	2	6	1	9	5
6	9	5	2	8	1	3	7	4
2	7	1	6	3	4	5	8	9
3	8	4	5	7	9	6	1	2

Puzzle # 165

4	9	7	1	2	8	6	3	5
3	6	1	4	7	5	8	9	2
5	8	2	3	9	6	7	1	4
6	1	9	5	4	3	2	8	7
2	4	3	8	6	7	1	5	9
7	5	8	2	1	9	3	4	6
1	2	6	9	8	4	5	7	3
8	3	4	7	5	2	9	6	1
9	7	5	6	3	1	4	2	8

Puzzle # 166

1	5	8	4	9	7	6	3	2
4	2	7	6	3	5	1	8	9
3	9	6	1	2	8	7	5	4
6	1	9	8	5	2	4	7	3
7	3	4	9	6	1	8	2	5
2	8	5	3	7	4	9	1	6
5	4	2	7	8	6	3	9	1
8	6	3	2	1	9	5	4	7
9	7	1	5	4	3	2	6	8

Puzzle # 167

1	4	9	6	5	2	3	7	8
2	7	5	3	4	8	6	9	1
8	6	3	1	7	9	4	2	5
6	2	4	9	8	7	1	5	3
3	1	8	5	2	6	9	4	7
9	5	7	4	3	1	2	8	6
7	3	6	8	9	4	5	1	2
4	8	1	2	6	5	7	3	9
5	9	2	7	1	3	8	6	4

Puzzle # 168

2	1	6	5	8	7	9	4	3
5	3	4	9	6	2	1	7	8
7	9	8	4	1	3	5	6	2
6	5	2	8	3	4	7	1	9
8	7	9	2	5	1	6	3	4
3	4	1	6	7	9	8	2	5
1	2	5	3	9	6	4	8	7
4	8	7	1	2	5	3	9	6
9	6	3	7	4	8	2	5	1

Puzzle # 169

1	4	3	6	2	9	5	8	7
6	5	8	7	4	1	9	3	2
7	9	2	8	5	3	1	4	6
2	7	9	1	6	8	3	5	4
4	8	6	5	3	2	7	9	1
3	1	5	9	7	4	6	2	8
5	2	1	4	9	6	8	7	3
8	3	7	2	1	5	4	6	9
9	6	4	3	8	7	2	1	5

Puzzle # 170

2	6	8	4	1	7	5	9	3
3	1	7	5	2	9	4	8	6
4	5	9	3	8	6	7	2	1
5	9	4	6	7	2	1	3	8
8	3	2	1	9	5	6	4	7
6	7	1	8	3	4	2	5	9
1	8	6	2	4	3	9	7	5
9	2	5	7	6	8	3	1	4
7	4	3	9	5	1	8	6	2

Puzzle # 171

7	8	2	5	6	4	1	3	9
1	9	4	8	3	7	2	5	6
5	6	3	9	1	2	4	8	7
3	2	7	6	9	8	5	1	4
9	5	6	1	4	3	7	2	8
4	1	8	2	7	5	6	9	3
2	3	9	4	5	6	8	7	1
8	4	1	7	2	9	3	6	5
6	7	5	3	8	1	9	4	2

Puzzle # 172

6	1	5	4	3	2	9	7	8
4	7	3	9	1	8	5	6	2
2	9	8	5	6	7	3	1	4
8	5	1	6	2	9	7	4	3
7	4	2	1	8	3	6	9	5
9	3	6	7	5	4	8	2	1
5	6	4	8	9	1	2	3	7
3	8	7	2	4	6	1	5	9
1	2	9	3	7	5	4	8	6

Puzzle # 173

7	9	5	3	2	8	6	1	4
8	6	2	4	1	7	5	9	3
1	3	4	5	6	9	8	7	2
6	4	1	2	9	5	3	8	7
5	8	3	7	4	1	2	6	9
2	7	9	8	3	6	1	4	5
4	2	8	6	7	3	9	5	1
3	1	6	9	5	4	7	2	8
9	5	7	1	8	2	4	3	6

Puzzle # 174

8	3	4	7	6	5	2	1	9
5	6	1	8	9	2	4	3	7
7	2	9	1	3	4	5	6	8
9	4	2	3	1	8	7	5	6
3	7	5	9	2	6	8	4	1
1	8	6	5	4	7	9	2	3
2	1	3	4	7	9	6	8	5
6	9	8	2	5	1	3	7	4
4	5	7	6	8	3	1	9	2

Puzzle # 175

5	8	2	1	4	9	7	3	6
7	3	9	5	8	6	1	4	2
6	1	4	3	2	7	5	8	9
2	7	3	8	1	5	9	6	4
9	6	8	7	3	4	2	5	1
4	5	1	9	6	2	8	7	3
1	4	5	2	7	3	6	9	8
3	2	7	6	9	8	4	1	5
8	9	6	4	5	1	3	2	7

Puzzle # 176

3	4	6	1	9	8	5	2	7
1	8	7	3	5	2	4	9	6
9	2	5	6	7	4	3	1	8
6	5	1	8	4	9	2	7	3
4	7	9	2	3	6	1	8	5
2	3	8	5	1	7	9	6	4
5	6	2	9	8	3	7	4	1
7	9	3	4	6	1	8	5	2
8	1	4	7	2	5	6	3	9

Puzzle # 177

4	6	8	9	5	1	2	7	3
9	7	3	6	8	2	1	5	4
2	5	1	7	3	4	6	8	9
3	1	7	4	6	5	9	2	8
8	4	5	2	9	3	7	1	6
6	2	9	8	1	7	4	3	5
5	3	6	1	7	9	8	4	2
1	8	4	3	2	6	5	9	7
7	9	2	5	4	8	3	6	1

Puzzle # 178

1	9	5	2	7	6	4	3	8
4	2	3	1	5	8	7	9	6
6	7	8	4	3	9	5	2	1
7	6	2	8	4	5	3	1	9
5	8	4	9	1	3	6	7	2
9	3	1	7	6	2	8	4	5
8	5	9	3	2	4	1	6	7
2	4	7	6	8	1	9	5	3
3	1	6	5	9	7	2	8	4

Puzzle # 179

4	9	5	7	3	6	1	2	8
7	6	1	8	2	9	4	5	3
2	3	8	1	4	5	9	6	7
8	7	4	5	9	2	6	3	1
9	2	3	6	7	1	5	8	4
5	1	6	4	8	3	2	7	9
1	8	7	2	5	4	3	9	6
6	5	9	3	1	8	7	4	2
3	4	2	9	6	7	8	1	5

Puzzle # 180

3	6	2	9	4	5	8	7	1
9	4	1	7	2	8	3	5	6
7	8	5	1	6	3	9	2	4
8	2	4	3	9	6	5	1	7
1	3	9	4	5	7	2	6	8
6	5	7	2	8	1	4	9	3
2	9	6	8	1	4	7	3	5
5	7	8	6	3	9	1	4	2
4	1	3	5	7	2	6	8	9

Puzzle # 181

7	1	9	4	5	8	3	2	6
6	4	5	1	3	2	7	9	8
8	3	2	6	9	7	4	5	1
2	6	3	8	4	1	5	7	9
9	8	4	5	7	3	1	6	2
1	5	7	9	2	6	8	4	3
5	9	1	3	6	4	2	8	7
4	7	8	2	1	9	6	3	5
3	2	6	7	8	5	9	1	4

Puzzle # 182

6	9	5	4	1	8	3	7	2
4	3	7	9	6	2	5	8	1
2	8	1	7	5	3	9	4	6
1	7	4	3	9	6	8	2	5
5	6	9	8	2	4	7	1	3
8	2	3	5	7	1	4	6	9
9	4	2	1	8	5	6	3	7
7	1	8	6	3	9	2	5	4
3	5	6	2	4	7	1	9	8

Puzzle # 183

3	1	8	7	6	4	5	2	9
6	5	4	2	9	8	3	7	1
9	7	2	5	1	3	4	6	8
7	3	9	4	5	6	8	1	2
2	4	1	8	3	7	9	5	6
5	8	6	9	2	1	7	4	3
1	2	5	3	7	9	6	8	4
8	9	7	6	4	2	1	3	5
4	6	3	1	8	5	2	9	7

Puzzle # 184

6	5	9	4	3	8	1	2	7
1	4	8	7	5	2	3	9	6
7	3	2	9	6	1	4	5	8
2	9	6	1	7	3	5	8	4
3	1	5	6	8	4	9	7	2
4	8	7	5	2	9	6	1	3
8	6	3	2	9	5	7	4	1
9	2	4	3	1	7	8	6	5
5	7	1	8	4	6	2	3	9

Puzzle # 185

7	3	9	8	4	1	6	2	5
2	6	1	3	9	5	8	4	7
5	4	8	2	7	6	1	3	9
3	2	5	7	6	4	9	8	1
8	9	6	1	5	2	4	7	3
1	7	4	9	3	8	2	5	6
9	5	2	4	1	3	7	6	8
6	8	7	5	2	9	3	1	4
4	1	3	6	8	7	5	9	2

Puzzle # 186

4	3	1	2	9	5	8	7	6
9	5	6	8	4	7	3	1	2
7	8	2	6	1	3	4	5	9
6	7	4	9	2	8	5	3	1
5	1	8	4	3	6	9	2	7
3	2	9	7	5	1	6	8	4
1	9	7	3	8	4	2	6	5
2	6	3	5	7	9	1	4	8
8	4	5	1	6	2	7	9	3

Puzzle # 187

8	9	3	5	6	7	2	4	1
6	4	2	8	3	1	5	9	7
7	5	1	2	9	4	6	3	8
2	1	6	4	7	3	9	8	5
5	3	7	9	8	2	4	1	6
9	8	4	6	1	5	3	7	2
1	6	5	7	4	9	8	2	3
3	2	9	1	5	8	7	6	4
4	7	8	3	2	6	1	5	9

Puzzle # 188

2	1	6	7	4	3	8	9	5
7	5	9	1	8	2	4	3	6
4	3	8	6	9	5	7	1	2
9	2	4	5	7	6	3	8	1
1	6	7	3	2	8	9	5	4
3	8	5	9	1	4	2	6	7
5	9	2	4	3	1	6	7	8
8	7	1	2	6	9	5	4	3
6	4	3	8	5	7	1	2	9

Puzzle # 189

7	8	2	5	3	9	6	4	1
3	5	9	6	4	1	8	2	7
4	6	1	7	8	2	5	9	3
6	1	7	2	5	8	4	3	9
8	2	3	4	9	7	1	6	5
9	4	5	3	1	6	7	8	2
2	7	4	9	6	5	3	1	8
5	3	8	1	2	4	9	7	6
1	9	6	8	7	3	2	5	4

Puzzle # 190

8	2	1	5	3	9	6	4	7
6	4	9	8	2	7	5	1	3
3	5	7	4	6	1	2	9	8
2	8	4	3	9	6	7	5	1
7	1	6	2	4	5	3	8	9
9	3	5	7	1	8	4	2	6
1	6	3	9	5	4	8	7	2
4	7	2	1	8	3	9	6	5
5	9	8	6	7	2	1	3	4

Puzzle # 191

1	5	7	4	9	3	8	6	2
8	6	9	1	7	2	3	5	4
4	3	2	5	8	6	7	9	1
3	2	5	7	6	4	9	1	8
7	8	1	9	3	5	2	4	6
9	4	6	2	1	8	5	7	3
2	9	8	6	4	7	1	3	5
5	7	4	3	2	1	6	8	9
6	1	3	8	5	9	4	2	7

Puzzle # 192

4	7	1	2	6	3	5	9	8
2	8	9	5	1	7	6	3	4
3	6	5	9	4	8	7	1	2
8	5	7	1	3	2	9	4	6
1	9	2	4	8	6	3	5	7
6	4	3	7	9	5	2	8	1
5	2	8	3	7	4	1	6	9
7	1	4	6	5	9	8	2	3
9	3	6	8	2	1	4	7	5

Puzzle # 193

2	1	4	5	6	3	9	7	8
6	7	9	2	4	8	5	1	3
3	8	5	9	7	1	6	2	4
5	4	1	8	3	2	7	6	9
7	6	2	4	1	9	8	3	5
8	9	3	7	5	6	2	4	1
4	2	6	1	9	5	3	8	7
1	5	8	3	2	7	4	9	6
9	3	7	6	8	4	1	5	2

Puzzle # 194

1	7	2	9	6	5	3	8	4
5	3	9	4	8	2	7	6	1
4	8	6	3	1	7	9	5	2
8	9	1	7	2	6	5	4	3
2	4	7	8	5	3	1	9	6
3	6	5	1	9	4	8	2	7
6	5	3	2	7	8	4	1	9
7	1	8	6	4	9	2	3	5
9	2	4	5	3	1	6	7	8

Puzzle # 195

7	5	9	3	1	8	4	2	6
8	1	4	2	6	5	7	3	9
3	2	6	9	7	4	8	1	5
9	8	3	5	2	6	1	4	7
5	7	2	1	4	9	3	6	8
4	6	1	7	8	3	9	5	2
2	4	8	6	3	7	5	9	1
6	3	5	8	9	1	2	7	4
1	9	7	4	5	2	6	8	3

Puzzle # 196

4	5	1	7	3	6	2	8	9
6	9	7	5	8	2	1	4	3
8	2	3	1	9	4	6	7	5
3	1	2	4	6	8	5	9	7
7	8	5	2	1	9	3	6	4
9	6	4	3	5	7	8	2	1
5	4	8	6	7	1	9	3	2
1	7	9	8	2	3	4	5	6
2	3	6	9	4	5	7	1	8

Puzzle # 197

2	1	8	9	3	6	5	4	7
7	4	6	1	5	8	9	3	2
3	5	9	2	7	4	1	8	6
5	8	1	7	2	3	4	6	9
6	9	3	4	8	1	7	2	5
4	7	2	6	9	5	8	1	3
8	6	7	5	1	2	3	9	4
9	3	4	8	6	7	2	5	1
1	2	5	3	4	9	6	7	8

Puzzle # 198

8	9	3	5	6	7	2	4	1
6	4	2	8	3	1	5	9	7
7	5	1	2	9	4	6	3	8
2	1	6	4	7	3	9	8	5
5	3	7	9	8	2	4	1	6
9	8	4	6	1	5	3	7	2
1	6	5	7	4	9	8	2	3
3	2	9	1	5	8	7	6	4
4	7	8	3	2	6	1	5	9

Puzzle # 199

9	1	7	8	2	5	3	4	6
3	4	8	7	9	6	2	5	1
2	6	5	4	3	1	8	9	7
5	2	4	1	8	3	6	7	9
6	3	9	2	5	7	1	8	4
7	8	1	9	6	4	5	3	2
1	5	6	3	4	9	7	2	8
8	9	3	6	7	2	4	1	5
4	7	2	5	1	8	9	6	3

Puzzle # 200

5	3	1	2	7	8	9	6	4
2	8	6	9	4	1	7	5	3
4	7	9	6	5	3	1	8	2
6	5	2	8	3	7	4	1	9
7	4	3	1	6	9	5	2	8
1	9	8	4	2	5	6	3	7
8	2	7	5	1	4	3	9	6
9	1	4	3	8	6	2	7	5
3	6	5	7	9	2	8	4	1

www.ingramcontent.com/pod-product-compliance
Lightning Source LLC
LaVergne TN
LVHW060152080526
838202LV00052B/4138